科人
學生 百年

科学文化系列

国家科学思想库

科学与人生

中国科学院院士传记

谢家麟自传

谢家麟／著

科学出版社

北京

图书在版编目（CIP）数据

谢家麟自传/谢家麟著. —北京：科学出版社，2012
（科学与人生：中国科学院院士传记）
ISBN 978-7-03-034580-6

Ⅰ.①谢… Ⅱ.①谢… Ⅲ.①谢家麟—自传 Ⅳ.①K826.16

中国版本图书馆 CIP 数据核字（2012）第 113984 号

丛书策划：胡升华 侯俊琳 / 责任编辑：侯俊琳 李 㛃
责任校对：张怡君 / 责任印制：赵 博 / 封面设计：黄华斌 陈 敬
编辑部电话：010-64035853
E-mail：houjunlin@mail. sciencep. com

科学出版社 出版
北京东黄城根北街 16 号
邮政编码：100717
http://www.sciencep.com
北京厚诚则铭印刷科技有限公司印刷
科学出版社发行 各地新华书店经销
*
2012 年 8 月第 一 版 开本：B5（720×1000）
2025 年 3 月第七次印刷 印张：13 3/4 插页：5
字数：241 000
定价：78.00 元
（如有印装质量问题，我社负责调换）

谢家麟院士

谢家麟，中国科学院院士。1920年8月出生于哈尔滨，1943年毕业于燕京大学物理系，1947年赴美留学，1948年获加州理工学院硕士学位，1951年获斯坦福大学博士学位。回国途中受阻，先后在奥立根大学、斯坦福大学微波实验室任职。后在芝加哥领导研制成功“使用电子治癌的医用电子直线加速器”。

1955年回国，在中国科学院高能物理研究所工作，先后担任研究员、副所长、“八七工程”加速器总设计师、北京正负电子对撞机工程经理、粒子加速器学会理事长等职。20世纪50~60年代，领导完成可向高能发展的电子直线加速器、大功率速调管和电子回旋加速器等科研项目；80年代，领导北京正负电子对撞机工程的设计和建造；90年代，领导建成北京自由电子激光装置；现从事新型加速器研究。

曾获全国科学大会奖、国家科学技术进步奖特等奖、中国科学院科技进步奖特等奖、胡刚复物理奖、何梁何利科技进步奖、国家最高科学技术奖等。

① 1924年谢家麟（左）与兄(右)姊（中）在哈尔滨公园

② 1939年在家中与父母及诸妹合影

③ 1940年在燕京大学同班同学在颐和园郊游（前排右二谢家麟）

④ 1940年在北京燕京大学物理楼前物理系全体师生合影（前排右四范绪筬，二排右三谢家麟，三排左四黄昆，末排右四系主任William Band）

⑤ 1944年与妻子范绪筬在昆明黑龙潭前

①

② ③

④ ⑤

① 1947年在美国加州理工学院与同学李正武（右）合影

② 1950年在美国斯坦福大学微波与高能物理实验室1GeV电子直线加速器控制台前（二排左一金兹顿主任，二排左二莫兹，前排右一谢家麟）

③ 1951年在第一次回国的轮船上友人送行（左为范新弼，右为张念智）

④ 1955年在美国芝加哥研制的加速器控制台前（左站立者杜普赖克斯，右站立者卢顿）

⑤ 2002年与美国斯坦福直线加速器中心前所长潘诺夫斯基教授在北京大觉寺

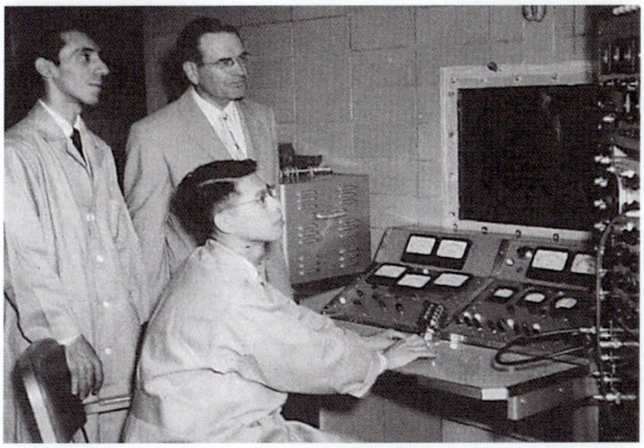

① 1955年8月谢家麟（前排左三）和其他留美学生回到祖国。图为他们在官厅水库参观

② 1955年8月7日谢家麟到达北京，与分别8年的妻子和孩子团聚。他离开祖国的时候，儿子还是襁褓中的婴儿，现在已是8岁的小学生了

③ 回国后，谢家麟让他的父母弟妹等看他在各地拍的照片

④ 冲破种种阻力回到祖国，谢家麟为祖国天翻地覆的变化感到振奋。图为谢家麟到北京大学参观时，物理系主任褚圣麟（右）向他介绍学校情况

⑤ 1973年与妻子、儿女在颐和园郊游

16 San Francisco Chronicle ★ Wed., Oct. 3, 1979

China's Plan to Build an

By David Perlman
Science Editor

Beijing

At a historic fork in the highway north of this capital city, where one road leads to the Great Wall of China and the other to the underground tombs of the Ming Dynasty emperors, Chinese physicists are preparing to build the nation's first high-energy atom smasher.

They are already refining designs for the sophisticated instrument, building the powerful magnets that will guide its beams of sub-atomic particles, and planning experiments in an effort to approach the frontiers of basic scientific research.

American physicists have been shuttling between their own laboratories and Beijing to offer guidance and criticism. Dozens of Chinese specialists are already studying and working with experimenters at America's largest accelerator centers.

This is the first collaborative scientific venture signed and sealed since relations between the United States and China were "normalized" in January, and the Chinese

Stanford physics graduate Xie Jalin is chief designer of the synchrot

① 1978年率高能加速器设计组访问美国费米国家实验室，将中华人民共和国国旗升起后合影（右五为杨振宁教授，右四为谢家麟）

② 1979年10月3日美国《旧金山时报》刊载的谢家麟报告中国高能加速器规划情况

③ 1979年随代表团在丁肇中教授（后立右三）家做客

④ 1980年谷羽率领考察组在美国LBL研究所

① 1982年谢家麟向美国五大国家研究所所长介绍北京正负电子对撞机模型

② 1985年在北京作自由电子激光学术报告（前排中间坐者为王淦昌院士）

③ 1986年陪同杨振宁教授（右一）参观北京正负电子对撞机模型，左一为中国科学院高能物理研究所前所长叶铭汉院士

④ 1988年在北京正负电子对撞机奠基典礼上（左起谢家麟、美国能源部法勒教授、叶铭汉院士）

① 1985年在北戴河召开的第二届高能物理学会第二届会员代表大会海滨留影（后排左起赵宗尧、胡宁、杨澄中、何泽慧，前排左起叶铭汉、谢家麟、朱洪元、郑林生）

② 1992年在北京自由电子激光实验室与工作人员讨论问题（左起黄永章、谢家麟、庄杰佳、王钢）

③ 1993年在亚洲第一个出光的北京自由电子激光装置鉴定会上（左起王大珩、谢家麟、王淦昌）

④ 1993年在北京自由电子激光装置控制台前

⑤ 1994年在北京加速器会议的宴会厅内（左起谢家麟、陈耀华、王淦昌）

⑥ 2003年在新型电子直线加速器前

①

② ③

④ ⑤

① 1988年谢家麟在家中与他的学生们聚会（前排左起裴国玺、王光伟、张仁善，后排左起高杰、刘红秀、黄永章）

② 1996年与博士生、今清华大学教授唐传祥合影

③ 2010年谢家麟和家人一起庆祝90岁生日

④ 2010年8月谢家麟和当年的同事们合影

⑤ 2012年2月谢家麟在北京正负电子对撞机速调管长廊

总序

中国科学院学部科普和出版工作委员会决定组织出版《科学与人生：中国科学院院士传记》丛书，这是一件很有意义的文化工程。首批入传的22位院士都是由各学部常委会认真遴选推荐的。他们中有学科领域的奠基者和开拓者，有做出过重大科学成就的著名科学家，也有毕生在专门学科领域默默耕耘的一流学者。每一部传记，既是中国科学家探索科学真理、勇攀科学高峰的真实情景再现，又是他们追求科学强国、科教兴国的一部生动的爱国主义教材。丛书注重思想性、科学性与可读性相统一，以翔实、准确的史料为依据，多侧面、多角度、客观真实地再现院士的科学人生。相信广大读者一定能够从这套丛书中汲取宝贵的精神营养，获得有益的感悟、借鉴和启迪。

中国科学院学部成立于1955年，经过50多年的发展，共选举院士千余人，荟萃了几代科学精英。他们中有中国近代科学的奠基人，新中国的主要学科领域的开拓者，也有今天我国科技领域的领军人物，他们在中国的各个历史时期为科学技术的发展做出了历史性的贡献。“五四”新文化运动以来，一批中国知识精英走上了科学救国的道路，他们在政治动荡、战乱连绵的艰难岁月里，在中国播下了科学的火种，推动中国科技开始了建制化发展的历程。新中国成立后，大批优秀科学家毅然选择留在大陆，一批海外学子纷纷回到祖国，在中国共产党的领导下，开创了中国科学技术发展的新篇章。广大院士团结我国科技工作者，发扬爱国奉献、顽强拼搏、团结合作、开拓创新的精神，勇攀世界科技高峰，创造了举世瞩目的科技成就，为增强我国综合国力、提升自主创新能力做出了重要贡献，为国家赢得了荣誉。他们的奋斗历程，是中国科学技术发展的历史缩影；他们的科学人生，是中华民族追求现代化的集中写照。

当今世界，科学技术已成为支撑、引领经济社会发展的主要动力和人类文明进步的主要基石。广大院士不仅是科学技术发展的开拓者，同时也是先进文化的传播者，在承担科技研究工作重任的同时，还承担着向全社会传播科学知识、科学方法、科学思想、科学精神的社会责任。希望这套丛书的出版能够使我国公众走近科学、了解科学、支持科学，为全民族科学素养的提高和良好社会风尚的形成做出应有的贡献。

科学技术本质是创新，科技事业需要后继有人。广大院士作为优秀的科技工作者，建设并领导了一个个优秀的科技创新团队；作为教育工作者，诲人不倦，桃李满天下。他们甘当人梯、提携后学的精神已成为我国科技界的光荣传统。希望这套丛书能够为广大青年提供有益的人生教材，帮助他们吸取院士们追求真理、严谨治学的科学精神与方法，领悟爱国奉献、造福人民的科技价值观和人生观，激励更多的有志青年献身科学。

记述院士投身我国科学技术事业的历程和做出的贡献，不仅可为研究我国近现代科学发展史提供生动翔实的新史料，而且对发掘几代献身科学的中国知识分子的精神文化财富具有重要意义。希望《科学与人生：中国科学院院士传记》丛书能够成为广大读者喜爱的高品位文化读物，并以此为我国先进文化的发展做出一份特有的贡献。

是为序。

路甬祥

2010年3月

自序

日月如梭，光阴似箭，转眼我已届耄耋之年了。作为一个在科技领域徜徉了半个多世纪的工作者，在人生之旅到站之前，觉得有责任把自己的足迹记录下来，把自己的经历告诉后人。这些可以作为他们人生道路的参考，或许可以增添他们前进的信心和勇气。

下面主要谈的是我个人 60 多年来在科技领域活动的经历和体会。书中反映的事实和观点，大体上可以归纳为以下几个方面：

第一，要相信“天生我才必有用”这句话，要树立坚定的自信。资质超人当然占有优势，资质差些也可以用加倍努力来补偿，“成就”并不是天才者的专利。我在《院士风采》一书中所提：“科学王国大公无私，人的能力有高低，成就有大小，但一分耕耘，一分收获，一分努力，一分成果，这是永远如此的。”这正是爱迪生所说，天才是99%的汗水，外加1%的灵感的意思，也是我在此书中特别要向青年传达的信息。

第二，有人把个人未来的发展过分依赖进入名校、遇到名师。当然，追随名师左右，与名师经常接触，春风夏雨，耳提面命，名师出高徒的例子，古今中外，比比皆是，特别是在理论方面。但这样的机会并不是容易遇到的，而对实验科技工作者而言，接受了合格的基础知识的教育后，他的成长更依赖于一个实验室的整体互学作用和业务上自学能力的锻炼。

第三，对实验工作者而言，应该注意“手脑并用”。在科技领域，从事基础研究的大科学，理论与实验有明确的分工，不能要求大家都是“全面手”。但一般的应用性技术研究，用理论指导实验，用实验检验理论，理论与实验是同等重要、缺一不可的，而做实验就要有动手的本领。只有“手脑并用”才能解决实际问题，推动工作的进展。

第四，在实验室动手解决实际问题的本领，要依靠长期实践的积累，它不是书本或老师可以教给你的，而要靠锲而不舍的努力，这需要个人兴趣来支撑。

第五，“原创”是科研的精髓，是我国持续发展的关键。它与“跟踪”有很大的不同，需要建立鼓励“原创”的环境和机制。

第六，发展科技需要建立国际一流的大学和实验室。“一流”并不是指规模庞大、人员众多，而是指能够在某些学术领域占据国际一流的地位，产出重要的成果。

第七，实验工作多属具体细节，周期长，牵扯问题又多，也不一定有显赫的结果，这样的工作也许有人认为只是雕虫小技，微不足道，实际上这正是科技发达国家机体中的血肉基础，没有局部的细小成就，就没有伟大整体的出现。

第八，年龄高的科技工作者，从科技发展前途出发，要主动让路给青年工作者，让他们来挑大梁，当好他们的顾问。另一方面，如果健康许可，也应做些本行的、力所能及的、规模较小的研究，“老有所为”，充分利用自己一生积累的经验，为国家建设添砖添瓦。

下面我想介绍的亲身经历，可以说就是以上八个方面的具体例证。我从大学到留学，都是学习物理的，但一生所作所为又大都是技术性很强的工作，很早就有自己动手的习惯，形成了“说”与“做”统一的倾向。但我从事的是一个狭窄的科技领域，因此书中的一些观点，可能是“以管窥豹”，难避“经验主义”之嫌。

因为所谈内容主要是科技领域的活动，书中自然要牵扯一些具体的科技问题，为了照顾非科技专家的读者，我尽力避免讨论一些技术细节。另一方面，也需要对从事工作的性质和时代背景作些必要的说明。因此，书中除一般叙述外，凡技术性较强的内容，都放在“注释”中。在科技飞速发展、日新月异的时代，谈到几十年前的技术问题也许会使人感到幼稚肤浅、不值一提；但不提这些问题，就不足以说明当时的情况。因此，把问题放在时间、地点、国情等条件与今大不相同的历史角度来认识，是我所寄望于读者的。为了供一般读者阅览，我在叙述中避免使用图表、公式，这就难以避免用语言描述的啰嗦。此外，我已届耄耋之年，记忆不佳，几十年前事件的细节，难免挂一漏万，叙述不够全面，但我在这里竭力做到如实反映历史的真实。

关于此书的结构，既然是传记，叙述当然以时间为主轴，但有时则是按标题性质的综合介绍更为恰当，这样时间上就参差不齐了。最后，我把经历过的在学术交流中遇到可纪念的人和事录下，也许有些方面可供参考。一般读者可能不熟识的人，在“注释”中将略加介绍，但对我的同事和科技界大家熟知的人物，就不一一介绍了。

我个人负责研制成功的有相当规模的几件科研项目（除在美研制的医用加速器外），包括筹备和结尾，大多用了多年的时间，如：

(1) 1953～1955 年，研制世界上能量最高的医用加速器；

(2) 1956～1964 年，研制我国第一台可向高能发展的加速器；

(3) 1980～1986 年，研制北京正负电子对撞机；

(4) 1987～1995 年，研制北京自由电子激光装置；

(5) 1989～1991 年，研制前馈控制；

(6) 2000 年至今，研制新型电子直线加速器。

以上 (1)、(5)、(6) 属于创新研究；(2)、(3)、(4) 属于填补我国空白，独立自主研制，主要是跟踪国际发展的大科学装置。我国是发展中国家，在科技方面“跟踪”是必须经过的阶段。新中国成立初期，在西方对我国封锁、苏联对我国保密的情况下，对自行在高科技领域“跟踪”研制的意义与作用，我曾写过几句话表明自己的感受：

十年磨一剑，锋利不寻常。
虽非干莫比，足以抑猖狂。

从发展过程上讲，“跟踪”是难免的。同样从发展历史上讲，我们必须随着时代的不同，摆脱“跟踪”，独辟蹊径，才能成为科技强国。周总理曾说过，我们要“一买、二用、三改、四创”，这是至理名言，指明了我国科技发展的道路。我希望大家要永远铭记。

谢家麟

做研究工作的最大动力是强烈兴趣，
书本知识加上实际经验是创新基础，
科研的敌人是浅尝辄止知难而退。

谢家麟

谢家麟自传

目　录

第一章　我的家世和童年

一、家庭背景

我于 1920 年 8 月 8 日出生于哈尔滨，祖籍是河北省武清县康裕庄。这是一个离天津市几十公里的小村庄，有几十户人家，绝大多数姓谢。在村头上有一个叫“祖坟”的墓地，坟头高低前后按辈分排列，总共不足 10 排，可见谢家是由外面迁徙而来的，但是从哪里来的就渺不可考了。

我的祖父谢子光，生有三个儿子。我的伯父名谢绍乔 、父亲名谢绍贤（后改名谢良佐）、叔父名谢绍孟（后改名谢敬舆）。

谢家家境原是很贫苦的，但由于祖父稍微识字，在城里找到工作，后来又做些买卖，也就慢慢成为小康之家了。

1924 年谢家麟（左）与兄（右）姊（中）在哈尔滨公园

1939 年在家中与父母及诸妹合影

伯父早年是一个背着布包、手摇小鼓的走村串乡的小布贩，文化程度不高，但他深知上学、读书的重要性。因此，在后来经济情况稍好、成了一个小地主时，力主两个兄弟应到城里读书。结果，父亲毕业于天津北洋法政专门学校法律系。此校曾六易其名，新中国成立后并入南开大学。叔父先在北平四中读书，后来转入保定军官学校。

伯父虽然文化水平不高，但他的思想很新，大概是受了当时康梁维新思潮的影响吧！他在村里办了不少新事，创建了一个“组合会”，这名字似乎是采自日文。该会包括几方面的活动，如：看到乡人缺医少药，便开办了一个药铺；由于乡下孩子没有读书的机会，他就由城里请来了一个年轻的教师，创办了只有一间课室的一个“小学”；他还动员乡亲们不要给女孩子缠足；并且把女孩子们组织起来，教她们织毛线，然后把成品毛衣运到城里去代卖，使邻里们有点额外收入；如此等等。因为他给乡亲们做了许多好事，故在他 1925 年病逝时，附近村庄有几百人前来送殡。但是他在改良方面的这些努力，随着他的逝世也就人亡政废了。在我的童年记忆中只记得一间颓败阴暗的屋子里有一个大柜，柜中有许多存放中草药的小抽屉。

我的父亲（1892.10.25～1970.01.16）在天津北洋法政专门学校毕业后，因没有什么社会关系，难以在天津立足做律师，而当时哈尔滨，工商业正在蓬勃发展，人称“东方小巴黎”，于是他就决定像许多人一样去“闯关东”。父亲带着和他结婚不久的妻子，向邻村的一个老财借了100块现大洋，舍平津而远赴哈尔滨谋求发展了。

在由津赴哈途中，他在火车上结识了一位李姓商人，李在哈尔滨经营多项生意，颇有社会影响。在他的帮助下父亲在哈得以展开律师业务。后来父亲因一件当时很轰动的大案的辩护胜诉，引起当时全国最高司法机关大理院的注意并引为案例，因而声名大噪，成为当地的名律师。他除了法律外，在历史、文学、诗词、书法等方面也都有一定的造诣，所以逐渐成为哈尔滨社会文化界的名流，经济上也慢慢有些基础了。父亲为自己的律师业务定了一个规矩，就是只为民事案件辩护，拒绝受理刑事案件。即便如此，在1931年日本侵占东北后，他的业务日益艰难，加之他曾与同学李大钊诗词唱和，被日方发现，将他定为“准监视人”，行动要得到许可，这是他在东北沦陷后不久就设法移居北平的主要原因。他与李大钊交往情况已无记载，但在整理他的遗稿《稼厂诗词剩稿》时，我发现李被害后，父亲写的挽诗：

挽李守常己巳旧作

奇才已绝汉三辅，闳识徒有禹九州。
吾道故应付刍狗，世人谁解重骅骝。
孤松拔地风千尺，五岳填胸土一抔。
我有倾河注海泪，夕阳无语送新秋。

由此可见他与李大钊的情谊。

新中国成立之后，他曾在解放军总参国庆征文时，填了一首调寄满江红的题万里长征图的词：

写入丹青，人争说荆关妙笔。传神到绳行沙度，穷荒绝域。四壁丛山天一线，连边枯海泥千尺，照旌旗孤月吐寒芒，猩红色。

前事在，堪追忆；图画里，惊魂魄。掷头颅几许，换来今日。剑戟已销兵后火，髑髅早灭沟中迹。对春风幸作太平人，须珍惜。

此词末句，提出今日国运昌盛、繁荣富强，得来不易，告诉我们应该万分珍惜，希望现在年轻人能够常常想到过去的生活。该词曾参加 1957 年中国人民解放军建军三十周年纪念美术展览会并获奖。父亲生平与著名文物鉴赏家张伯驹友善，时常在一起“打诗钟”或游公园，这是他晚年生活的消遣。

我的母亲名时慧孺（1893.04.19～1967.02.19），生我们兄弟三人、姊妹六人，早年经济拮据，辛劳可见。1967 年因肠癌去世。她去世后父亲老病缠身，独居北京东城赵家楼，我的工作地点在西郊中关村，不能经常照顾，老境堪哀。在他的《稼厂诗词剩稿》诗集中，有一首题为“秋夕小院独坐”的小诗，写出他晚年寂寞的心境：

紫藤架外夜来香，瓜果堆盘月满廊。
叵耐薄罗新扇子，早秋先借十分凉。

母亲故世后，他的寂寞更甚，在“小院海棠无花丁未三月初四亡室时夫人生日作”中，他写道：

去年今日花如雪，今日今年花不开。
春残花去人俱去，花来倘与人俱来。
去去来来犹可说，一去不来谁复哀。
太息老来无涕泪，海棠树下独徘徊。

另外有《戊申清明八宝山骨灰堂礼时夫人遗骨》一诗：

寒食清明欲禁烟，北邙无地觅新阡。
荒郊野寺西山路，冷室弥龛又一年。

我读之后深感父亲对母亲的怀念和孤独寂寞的心情，惭愧未能在他生前多多承欢，让他有一个更为温馨的晚年。1970 年 2 月他也在孤寂怀念中逝去了。

我的叔父为人忠厚、仗义，颇有童心，对我有如玩伴。我记得他有一个照相机，照了相就以一张四面盖着棉被的八仙桌下当做暗室，与我共同来冲洗。看到一张白相纸上渐渐显出影像，汗流浃背即将要窒息的我们都感到兴奋。他一生颠沛流离，生活漂泊不定，在有生的年月里，都是在军界中到处奔走，但他既不是谁的嫡系，又没有什么实力，为人又过于憨厚，因此，只担任过各式各样的外围职位，却没有得到重用。新中国成立后在成都改行做一个药铺的管账先生，后因拔牙感染病故。他一生酷爱书法，尤其是草书。他在北平四中读书时，竟用草书书写作文，国文老师在作文卷子上批了“作文不可写草书，况不会草书而写草书乎?”事实上，由于他极端爱好书法，在同事朋友中他的书法是很得大家称道的。

二、动荡童年

前面谈了一些我父辈的情况。他们多是早年就离开老家到外面谋生而最后定居在外的，因此，严格地说，乡下只能说是伯父的家了。不过，其他家庭成员也在不同时期、场合在那里居住过。我的婶母在20世纪20年代就有几年寄居在伯父家里。她由于没有生育，渴望有个孩子，而我父母却因孩子过多，照顾吃力，因此就在口头上把我过继给她，我也就由哈尔滨回到乡下了。她对我疼爱有加，这样，我幼年就在武清县康裕庄度过大概三四年的童年，也就知道了一些前面提到的农村的情况了。那时村里没有正规小学，后来又因叔父职务变动频繁，生活不安定，所以除了间断地在家馆中随老师读些四书之类的古书以外，我就没有按部就班地读过小学，而在后来直接进入汉阳中学初一了。

童年的记忆已很模糊了，但那时军阀混战给农民带来的痛苦却给我留下深深的烙印。记得有一年在康裕庄农村，有一批败兵过境，他们要村子收买他们的枪支并提供老百姓的服装为他们逃脱之用，因此把村里辈分最长、年龄最高的我的祖父捉去与他们谈判。祖父恳求他们考虑村子小、财力少的困难，只能买少数枪支，而他们则要多卖，谈判不成，他们殴打了祖父，并把他外面的衣服脱去，让他在凛冽的寒风中只穿着内裤呻吟着回家。这事使我幼小的童心对这些败兵痛恨之极，然而一些其他的情况又使我对他们产生怜悯和同情。在离村不远的大道旁，我看到过几只野狗在争着抢吃一个兵士的尸体。这些人本来多是无辜的农民，而何等不幸落到如此的下场!

记得在我13岁在湖北襄阳读初中时，叔父家有一支双筒猎枪，允许我打鸟玩耍。我把一盒进口的子弹用完之后，没有子弹的来源，就自己尝试用使用过了的弹壳自制子弹。在爆竹店购买了黑色火药做炸药，用剥下来的红头火柴头做引信，偷用家中电灯的磁砣中的铅砂做子弹（当时室内电灯大多用一个通过滑轮悬挂的磁砣，内装铅砂以平衡灯头的重量，来调节灯头上下移动），试验结果竟然十分成功，射程可能不如进口的原装子弹，但其实效果却是没有什么明显的区别。不过，我这射猎的爱好却被一件事情终止了。有一次出猎，看到一棵大树上栖落着几十只斑鸠，我一枪射去，几十只鸟纷纷落地，我把这些战利品用袋子装上，回家后打开袋子，带血的受伤斑鸠满屋扑腾，看了使我十分痛苦和后悔，心中充满了悲悯之情，从此我就再也没有碰过这只猎枪了。

1934年我的姐姐在18岁时因肺结核病在哈尔滨逝世，那时我正好从襄阳的一个中学的初中毕业，我的父母在悲痛伤心之余，一方面觉得叔婶此时已有自己的孩子，另一方面父亲也觉得我应该有个稳定的受教育的机会，因此决定把我由叔婶家召回，以便在北平教育水平较高的学校就学。但叔婶养育我多年，让我离开自然舍不得，而我自己也是依恋不舍。记得叔父亲自送我上路，坐在小船上横渡汉水时，曾最后一次问我，你确是愿意回到北平吗？这使我幼小的心灵陷入难言的矛盾，一方面我在感情上舍不得离开多年抚养我的叔婶，另一方面我也憧憬着北平这个大城市学校的学习环境，只是听着江水呜咽，无言以对。

这样，我就回到北平进入汇文中学就读了。父亲考虑到内地学校水平可能与北平有些差异，加以比我大一岁的哥哥正在汇文中学读初三，因此就让我也入初三，多读了一年中学。父亲家与叔父家不同，经济条件好多了，但兄妹对我这“外来人”也要有个接受的过程。父亲是个不苟言笑、对孩子十分严肃的人。他不时教我和哥哥及弟弟一些国学知识，我们都要站着受教，从这点就可以知道他守旧的思想了。

我的父亲由哈尔滨移家北京之后，就没有再正式执行律师职务了，只记得一段时期他曾担任过北宁铁路局的法律顾问。姐姐患肺病去世后，我的兄妹仍有八人，包括兄家驹，弟家骏，妹家琛、家璐、家琦、家璁及家琨。现在兄、弟均已故世，几个妹妹除家璐在香港居住外，都是在美国定居的。

肺病那时在旧中国是十分严重的，而一般人缺少医药知识，不知“隔离”的重要性。在我兄弟姊妹九人中，姐姐和大哥都是由于肺病去世的，其余七人中除一个妹妹外，其余六人也都受过感染，有的需要卧床调养。我是很幸运的，只是在肺部有些病灶结瘢。另外，在家乡的小村庄里，也有不少的感染者。到了肺病三期开始吐血，乡下人管这病叫做“失血”，也深知其严重性，如果是男孩子，常常赶快给他完婚，叫做“冲喜”，当然这就更促进病情的发展，使家庭成为“绝户”，这些都是我所亲身经历的令人痛心的黑暗落后的旧社会的写照。

第二章　求学时代

一、汇文中学

汇文中学是一个教会学校，在当时北平的中学中有一定名气。它只收男生，相距不远的另一教会学校慕贞中学则是女校。汇文校长名高凤山，他是一位爱国教育家，第一个把美国教会办的学校在中国教育部进行了立案登记。他主张民主办学，信仰自由。虽是教会学校，但并不要求学生信教、做礼拜。学校的实验设备有较好的基础，燕京大学最初就是由北平汇文中学、华北协和女子大学、通州潞河中学、通州协和大学等前身组成的。因此汇文中学有资格保送优秀的毕业生进入燕大。汇文中学设于地下室的物理课实验室教学设备齐全。物理教师名张佩瑚，他用英文讲课，条理分明，深入浅出，很能引发学生对物理的兴趣。

但我那时除了受到物理课程的吸引外，主要爱好是在无线电和电气上。平时沉溺于玩弄无线电，和当时的一般业余爱好者一样，我从最简单的矿石机做起，用耳机听当地的广播，发展到使用真空管，先做单管机，再加低频放大线路，改用喇叭听，然后增加高频放大，提高灵敏度。收听的波段也由广播而短波。事实上收听并不是目的，而主要是从机器性能的提高上得到极大的满足，所谓“醉翁之意不在酒”。在 1937 年卢沟桥事变日本侵占北平之后，我自制的短波收音机就成为我们全家每天了解抗日战争情况的唯一渠道了。

此外，我对诗词也有强烈的兴趣，在此期间背诵了不少名作，但对功课并不认真，加以我没有系统地读过小学，基础较差，因此在考试成绩上时优时劣，是一个不好不坏的中等学生。一直到了高三，毕业在即，升学问题迫在眉睫，使我不得不放弃业余爱好而多念些书本来应付考试，“临时抱佛脚”的结果使我得以侥幸被列入保送之列，在 1938 年进入了燕京大学物理系。

二、燕园弦歌

当时北平已被日军占领，但燕大是美国教会学校，校园内日军不得进入，而且校方暗中支持爱国反日的言论和活动，因此可说是在沦陷区的一个独立王国。不过，随着清华、北大、南开等名校的南迁（后三校组成为西南联大），物理学界的大师云集昆明，仍留北平的燕大因此出现师资匮乏，但系里多少尚保持着注重实验的特色。当时物理系主任是一位英国教授，名班德（William Band），他是理论物理学家，对液氦性质有深入的研究。1941 年 12 月 8 日日本偷袭珍珠港的清晨，班德与另一英国教授林赛（Lord M. Linsay）在日军进占燕京大学几小时之前驱车进入京郊解放区，他们曾利用他们的无线电知识，为解放区通信系统做出贡献。第二次世界大战后班德在美任教、定居。

从长远的历史上看，燕京大学也培养了不少物理方面的人才，如张文裕、王承书、袁家骝、黄昆、葛庭燧、孟昭英等，究其原因，也许是因为

1940 年在北京燕京大学物理楼前物理系全体师生合影

（前排右四范绪筏，二排右三谢家麟，三排左四黄昆，末排右四系主任 William Band）

1940 年燕京大学同班同学在颐和园郊游
(前排右二谢家麟)

1988 年燕京大学校友会期间谢家麟夫妇与同学
赵文林（右二）、朱良漪（右一）合影

有些人是在北平沦陷之前在校，而且在毕业后选择出国留学的道理吧。

在燕大读书时，我也是一个中等的学生。虽然学的是理科，但我对文学颇为爱好，曾为当时的北平晨报副刊写过几篇稿子。现在看来，无非是风花雪月，无病呻吟。得到了稿费就到东安市场内西点铺，买些糕点请弟妹们共同享受。因为喜爱文艺，所以在燕大选读了一门文学院的课程："苏（东坡）、辛（弃疾）词"，由国学大师郑因伯老师授课。在期终考试时，他要学生们从两位词人的作品中选一首进行评说解读。我选了苏轼的《蝶恋花·密州上元》：

> 镫火钱塘三五夜，明月如霜，照见人如画。帐底吹笙香吐麝，更无一点尘随马。寂寞山城人老矣！击鼓吹箫，却入农桑社。火冷镫稀霜露下，昏昏雪意云垂野。

我很欣赏这首词中的对人世无常的淡泊旷达的意境，大概讲评写得不错，赢得了郑师在班上的表扬，并说可惜我不是中文系的学生。从我对这首词的欣赏中也可看出我那时的心境。

上面这件事也许是我在大学期间的一个小小亮点吧。另一件多少可以说明我的心态的事情就是在入学后（1939年）的一个暑假，我曾托人介绍自己到广安门外一个小翻砂厂实习了一个夏天。成天蹲着与工人们一起干活，虽是汗流浃背，灰黑满面，但看到铁水倒入沙盘就生产出一个个成品，也颇有掌握了一点技艺的快慰。

在四年级要做毕业论文时，系里要求自选论文题目。我向导师提出我要研究用光来进行通话，即利用调制光的强度变化来传送信息。我那时的想法是要在实验上证明把一个小灯泡发出的光加以音频调制，使光的强度发生变化，即可实现通话。这是在1941年，现在看来是很幼稚、原始的想法。当然，它不同于1960年激光发明以后所发展出的基于各种物理原理的调制方法在通信上的应用。那时每个要毕业的学生都有一位论文指导老师，我的导师对我的想法完全不感兴趣，也无意深究，但他还是慷慨地把物理楼的顶层一间大房间分配给我使用。我的具体实验方案是在灯丝电源回路中加上音频调制，用光电管来接收。为了初步检验工作原理，我首先使用透镜把小灯泡的光线聚焦，让它通过一个周边有许多小孔的用一个小马达带动旋转的铝盘，这样光束就会周期性地被遮断而出现由无到有地变化，再让光束照到实验室另一端的一个光电管上。结果在光电管的输出信号中确实听到了卜卜的声音，这个初步的实验结果使我享受到想法被实现的极大的喜悦。其实，仔细想来，要真正实现这个想法来通话，灯泡灯丝的热惯性可能难以不失真地反映声波频率的变动，光电管也有时间响应的限度，另外，它不像现在的激光有相干性，光的传播距离必是十分有限。它也没有现代激光通信的以光波波段的单一波长的电磁波作为载体的极大的信息量，而只能把信息限于一个逐渐扩散的光柱之内，只可简单地实现近距离的保密通信而已。这个实验只进行到初级阶段就由于太平洋战争的爆发而中断了。

燕京大学是美国教会办的大学，虽然那时北平被日军占领，但燕京拒不接受日方的干预，而且在校内暗暗支持反日爱国活动。日本对此早就恨之入骨，因此，在1941年12月8日，由于日本偷袭珍珠港而爆发了太平洋战争的第二天早晨，日本军队就开进燕大，进步学生遭到了逮捕，其余学生一概驱出校园。我们背着被褥衣物，仓皇地离开燕京大学所在地——海淀，走向城里。虽然后来接到通知要大家到伪北京大学报到就学，但我不愿入敌伪学校，遂独自离家，辗转经过界首、亳州，穿过日军的封锁线，到达洛阳。再坐火车前往西安。然后乘汽车翻过秦岭到达成都这个大后方。

回顾燕京受教的体会，我在《燕京大学三八班离校六十周年纪念刊》中曾写了一篇“八十感怀”，其中谈道：

> 光阴荏苒，日月如梭，转眼人类进入了21世纪，自己也年近八旬了。缅怀当年在国事飘摇之中，燕园仍能弦歌不辍，湖光塔影，秋月春花，同学们满怀豪情，英姿风发，对前途有无限的憧憬，真是神仙岁月，思之不胜眷恋和怅惘。

在燕京读书，1938年入校之初就见到了“因真理、得自由、以服务”的校训，但当时谈不到什么体会。如今60余年过去了，才逐渐理解它深刻的内涵，发现自己的人生轨迹在有意识或无意识中是按着这几个字来描绘的。

为人民、人类服务，让他们在物质生活和精神生活中不断地改善、提高，能过着幸福的生活，本是一个有良知的人都应该有的理想。从古至今，仁人志士，莫不如此。但这理想如何能实现呢？尤其是在当今科学技术飞跃发展的今天。人民生活的提高，社会的发展，国家的富强，都是与知识的掌握息息相关的。原始的人类是靠天吃饭，大自然决定了他们的生死存亡，在必然王国里挣扎；当他们掌握了知识，了解了人类经过长期实践积累的正确的信息和经验，才从必然王国走向自由王国，能主动地创造条件，改变环境，掌握命运。这就是说根据经过实践考验的真理，才能达到服务的目的。

有许多人尽管用心良好，希望为人民、人类做点好事，为他们服务，但因为没有掌握经过实践考验的真理，不能进入自由王国，因此常是事与愿违，达不到利国利民的目的。翻阅历史，这样的例子是很多的。因此我现在才深切地体会到当初的校训“因真理，得自由，以服务”是至理名言。

三、武大借读、燕京复校

1942 年夏天我来到内地。当时教育当局有个规定，凡沦陷区（敌占区）来的学生，可到任意一个国立大学“借读”。我本来在物理系只差半年就可以毕业了，但却在“航空救国”的思想影响下，选择了在乐山复校的武汉大学航空系，这就要从头念起。这个行动很明显地说明了我们那一代青年的强烈的救国的心情。

抗战时期武汉大学由武汉迁至坐落在青衣江与岷江交汇处的乐山。那里山明水秀，风景绝佳。举世闻名的大佛寺就在两江交汇处，也成为我在周末常常流连忘返的处所。但当时学习和生活的条件却是十分困难和艰苦的。学习只靠听讲，没有必要的实验设备。生活上由于营养不良，肺结核病十分猖狂。有一位教“内燃机”的教授患有此疾，学期未了就一病不起。一位我到校后结识的同学，染疾后很快发展到上呼吸道，不能发声，不久之后去世。那时学校有四个学生宿舍，同学们却把在一个山冈上的师生墓地，叫做第五宿舍，可见病死的教职员工和学生的数目之多了。另外，当地还有一种由于食盐成分不纯引起的中毒性“爬病”，患者全身麻痹，有时致命。

我在武大时期，由于种种原因并未认真学习。把很多的时间用在与朋友“泡茶馆”上。茶馆在乐山城里而我的宿舍在郊外一个叫露济寺的庙里。有时入夜方回，就要买一段拉纤用的竹皮编制的缆绳，点燃用以照明，沿着坎坷不平的青衣江畔的山路，回到宿舍。现在回想那时情景，沿江边夜行，在崎岖山路上，夜雾迷漫中，隔不多远就有人高擎火把，点点火光迤逦不断，确也是别有意境的。

我在武汉大学航空系读了半年，感到学校课程不能满足我的“航空救国”的愿望。加以那时已在成都复校的燕京大学同学的召唤，我就又离开武汉大学回到燕京大学念物理系四年级了。

1943 年春开学，当时到达成都的原北平燕京同系同班的学生，除我之外只有两人，其一是班上仅有的两名女生之一，范绪篯。我和范在北平同学三年半，从未说过话。这是因为早年燕京的校风虽然十分开放，但是我们入学时，北平沦陷，学校风气又趋于保守之故。我们在成都相见后，才有了相互了解的机会。发现我们对人生、对社会的看法竟是出奇地相近。加之后来同在资源委员会桂林无线电器件厂总厂的研究室工作，相知日深，她终于在 1944 年夏成为我的妻子。

在成都待了半年毕业后，我们俩就到桂林的中央无线电器材总厂的研究室参加工作了。这是由一件偶然的事情引起的。在燕京大学四年级的学生，照例要做毕业论文。因条件关系，我不可能继续在北京做的题目。这时我的论文指导老师是罗无念先生，他那时在华西大学任讲师［后罗先生赴美留学、定居，长期在 RCA（美国无线电公司）进行研究工作］。他在当年的权威的无线电杂志 *Proc. IRE* 中，看到一篇关于用一种电子管可构成负阻振荡器（transitron）的论文，它有一系列的优点。于是他就建议我使用类似管型研究其负电阻振荡特性，对不同管型的性能优劣进行比较，找出与已发表的结果有何差异。这是一篇实验性的毕业论文。后来在一个在华西坝举行的工程师学会无线电学术交流会中，遇到参加会议的一位刚由德国得到博士学位、在资源委员会任专员、在桂林中央无线电器材厂总厂研究室工作的王辅世先生，那时正值他回国之初，需要研究助手。谈到我的论文，他有些兴趣，就问我愿否到桂林工作，我当时正在考虑毕业后的出路，想找一个能为抗日出力的岗位，觉得到工厂工作是一个很好的机会，让我能满足多年来的做点实事的愿望。前面说过，过去在大学一年级的暑假，我就曾托人介绍，到今北京广安门外一家工厂当了一夏天的义务工人，学习了一些机械方面的技能。如今这个到工厂工作的机会真是天上掉下来的馅饼。加以王先生也同意和我正在恋爱的同班同学范绪篯可以一齐前往工作。这对我们来说，真是一个十分难得的天赐良机，内心充满了深深的幸福的憧憬。

1943年秋在成都学校举行了毕业典礼之后，同学们纷纷各奔前途。我、绪镃和另外几个同班同学，想到一旦离开成都，不知何日再来，就商量一起到相距不远的峨眉山一游。我们一行七八个人，先由成都望江楼码头乘小木船航行两天到达乐山，然后乘车到峨眉山底下一个在林业保护单位工作的朋友处。他替我们找了一位背东西的老乡，我们做了够几天吃的干粮，就向金顶进发了。上山用了三天，下山用了两天，每天边赶路边欣赏这自然界的种种奇观，真使人心旷神怡，更何况我有爱人绪镃陪伴。下山路上忽逢急雨，我俩找到一家设在路旁的小酒店里避雨，并小饮解寒。屋中挤满都在避雨的山中背运夫，热闹之至。我曾有诗记曰：

偕游遇雨峨眉巅，路边酒舍旁飞泉。
贩夫走卒同进酒，身暖心热忘秋寒。

第三章　走向就业

一、桂林山水甲天下

中央无线电器材厂总厂坐落在桂林城外将军桥镇，是一个颇具规模的工厂，厂内占地广阔，包括了几座那里所独有的拔地而起的山峰。据说新中国成立后这里曾成为广西大学的校址。离厂不远就是漓江岸边，在岸边的小山之巅，远眺象鼻山的秀丽风光和清澈见底的漓江水，就是我和绪鋑周末最流连忘返的消闲之处。有时漓江水浅，我们也时常徒涉到对岸农村附近盘桓，虽然时值抗战期间，不时有日机轰炸，但在那些地方，仍是熙熙攘攘，富有浓厚的乡土生活气息，令人留恋。在这段时间里，我俩白天在一个实验室工作，下班以后也总在一起谈心，生活真是充实而幸福，觉得有相互关心的爱侣厮守并且同时能做有趣的研究工作来对国家有所贡献，真是我们人生的最大幸福了。对许多人关心的个人的前途发展，如留学深造、提升职务、增加收入、成名成家等完全采取鄙视的态度。现在思之，这些不求上进的思想是我俩脱离现实的理想主义人生观的表现，也是我俩在人生路上能走到一起的根源。到厂初期，我感染了当地流行的恶性疟疾，病势十分严重，也多亏她耐心照顾，使我终于脱险康复。

研究室是一个二层小楼，楼上有一大间是实验室，另外还有一间小房间是研究室主任的办公室，楼下的大间是有几台机床，一两个工人的实验工厂。当时国内的研究条件是十分落后的，研究人员的主要工具是万用表，一个实验室也只有一台示波器。在研究室的六七位工作人员中，记得有王安（他后来赴美留学，开办了一家世界著名的“王安计算机公司”）、丁渝［后来在加拿大留学，回国后在中国科学院原子能研究所（简称原子能所）工作，是著名的波谱物理学家］、黄武汉［曾任中国科学院上海光学精密机械研究所（简称上海光机所）副所长］、黄义安（一位技术高超，极富经验的技工，我与他在桂林、昆明、北京三度同事。实验室的万用表常因过载将游丝烧断，在没有游丝材料的情况下，他能将一根漆包线用镊子拉成扁形弹簧丝来修复，而电表的读数完全不变）等。实验室主任是蔡金涛先生（蔡先生是我国无线电界的前辈专家，新中国成立后曾任七机部二院副院长）。王辅世博士是特派专员。此外厂里还有位曾在北洋时代任交通部长的颜任光老先生[1]，他自己有一个研究课题，就是研制一台超高灵敏度的多管短波收音机。他也偶尔到实验室来看看。他与夫人住在了一栋特别为他修盖的小楼中，是厂里一个很特殊的人物。

蔡先生和厂里的技术骨干清一色都是上海交通大学毕业的，他曾在美国哈佛大学获得硕士学位，是一个理论水平很高的无线电专家。他上班时主要是在自己的办公室内埋首进行理论推导。他还主持厂里的业余学术报告会，并且规定技术人员都要参加，以后要定期考试报告的内容。可是当时厂内技术人员绝大多数是上海人，报告都是用上海话讲的，对我和绪钱两人一句上海话都不懂的北方老憨，造成了很大的实际困难和心理压力。好在后来报告会没有长期坚持下去，当然也就不需要考试了。

王博士是德国国家博士，但从未见他讨论实验室工作相关的理论分析问题。他不常上班，但来到实验室常常提出一些新的想法，很有早期发明家的味道。他娶了一个德国太太，两人在第二次世界大战中离开德国后，因他曾在德著名的舒曼实验室工作，被英国有关方面请去，他们知道德国正在进行反雷达的研究（吸收电磁波涂层材料的研究），要他介绍德国在这方面的情况。当时英国发明的雷达，对保卫英伦三岛，决定战争胜负起了关键作用，对反雷达研究显然是极为关注的。1990 年美国研制成功的隐形飞机，就是从材料和形状两方面下手的反雷达措施。由此可以看出，在高技术领域的一个新想法，有时需经过几十年的研究与发展（R&D）才能见诸实用。这也说明在科技领域是不能急功近利的。

蔡先生和王博士是实验室的两位高级领导，但他俩的作风迥异，难以合作，结果当然是各行其是。我和绪钱是王博士介绍来室的，当然由他安排工作。不过，在日本投降之后，我曾在重庆厂短期工作，那时是由蔡先

① 颜任光（1888～1968）又名颜嘉禄，广东崖县（今海南乐东县乐罗镇）人，曾获美国康奈尔大学硕士学位，美国芝加哥大学物理博士学位，是中国实验物理学奠基人之一。历任北京大学、私立海南大学、光华大学教授。早期从事气体离子运动的研究，对发展我国的仪器仪表制造做出巨大的贡献。

生领导的，此事后面还要提到。

王博士的研究作风是即兴式的，完全没有计划。他不常到实验室来，来了会随时提出一个新想法，大都是有实用意义的方向，也不加讨论，就要我们设法实现。一年左右的时间内，我前后进行了下面四项工作：用高频振荡器激励火花球放电产生微波；氧化铜整流器的试制；用滑石烧制高频、高压绝缘材料；地雷探测器的研制等。第一项虽然实现了高频放电，理论上应该产生阻尼式的微波振荡，但没有适当的探测器能够测量是否产生了微波，结果只好不了了之。

为了研制氧化铜整流器，王博士要我设计、制造了一个因陋就简的小体积的高温真空电炉，真空部分是用一根电瓷管外绕钨丝加热，瓷管放在一个填满黄沙作为热绝缘的直径约 60 厘米的铁盒中。瓷管两端用有水冷的橡皮塞密封，一端塞上有小孔接真空泵。这个简陋的真空炉只用十几天就做好了，从瓷管一端可以看到加热区约有 5 厘米，从颜色判断温度是 1000℃左右，但因为没有真空计，因此到底真空如何是不知道的。当时简陋粗糙的条件下所做的科研，现在看来是十分可怜甚至是可笑的。有了这么一个真空炉，我们首先用它来烧制氧化铜整流器，但用的是普通铜片，杂质很多，烧制时的真空度又很差，因此始终没有测量到整流作用。既然有了真空炉，我们后来就改为利用它来进行第三项工作：烧制以滑石为原料的高压绝缘材料。滑石是当时小学生普遍使用的在石板上书写的“石笔”的原料，同时也是一味治病的中药。整块的滑石是从中药铺采购的。滑石质地柔软，极易加工为各种形状（这与现今使用的可加工陶瓷 MACOR 可能有同样的作用）。烧制后硬度很大，绝缘性能良好。至今看来仍然是制备实验室中少量形状特殊的绝缘材料的好办法。它的缺点是天然原料的性质不尽均匀，烧制后的尺寸变化难以精确掌握。后来王博士又提出用它来制备抗战期间奇缺的汽车火花塞。初步试验发现它是可用的，但未经过严格的考验。

后来日军由湖南进犯广西，全厂仓皇撤退。在兵荒马乱的极度混乱中，我与绪饿登报旅行结婚，在我们的行李中，我带着半箱临行时跑到城里中药铺买来的滑石，希望以后有机会还能继续进行这方面的工作。结果到贵阳后，就在我和绪饿的蜜月中，王先生和我不忘工作，曾找到一个铁匠铺继续烧炼。可见那时我们对工作的投入真是到了痴心的程度了。这里有诗为证：

一心烧炼人笑痴，满箱窑件是顽石。

春风蜜月谁为伍，火炭风箱度乱时。

在桂林这段期间，我比较得意的是第四项工作，就是研制成功了一种新原理的地雷探测器。它的缘起是：蔡先生看到我在实习报告中谈到了我毕业论文中研究过的 transitron 振荡器，振荡频率易调而且稳定。因此想到如将它用来探测地雷，会不会有更高的灵敏度呢？那时厂里的体制是大学毕业生定名为甲种实习员，到厂工作六个月后，要交一份实习报告，审查合格后再行转正为公务员。我的实习报告中谈到这种振荡器，蔡先生认为很有些水平，因此便顺利转正了。而且由此还引发另一件事，就是蔡先生当时还担任厂内国民党党部负责人，看到我的实习报告后，曾找我谈了一次话，问我愿否加入国民党，我当场就回绝说不愿意，蔡先生说你不入党就难以被提升到领导岗位了，我说不能提升就不当领导吧！由这事可见：做实际工作，科学救国，而鄙薄权位的人生理想从那时就已牢牢地树立在我的头脑了。

在蔡、王两位先生的支持下，利用我论文研究的 transitron 振荡器来做一种新型地雷探测器的工作就启动了。那时大家谁都没有见到过美军使用的地雷探测器的实物，但知道地雷探测器的工作原理可能是根据金属物体会影响振荡器的电磁场从而影响振荡频率。因 transitron 振荡器工作频率稳定，线路也十分简单，如果用它来做振荡器并使金属物体影响其频率，可能对金属的存在更为敏感。这个想法是由蔡先生和王博士首先提出来的，很快我就做出来一个原型，试验结果灵敏度确是很高。后来蔡、王两位先生就安排了一位心灵手巧的名叫叶传垠的工程师，将它制成一个小巧玲珑的、实用的样品原型了。我非常高兴自己终于做了一点对抗日有用的工作了。不幸这时正值日寇进犯，加以腐败的国民党政府根本不关心科技的应用，因此这件工作也就无人过问，不了了之了。

在桂林期间，曾随蔡先生到相距不远的位于良丰的中央研究院朱恩隆先生处去访问。朱先生是研究无线电的专家，办公室设在一个四壁摆满仪器仪表的实验室内，这使我非常羡慕。我一直是羡慕存有各种物理仪器仪表的实验室，觉得在那里当个管理员，能够随时摆弄手头的仪器仪表，进行不同的实验，该是多么幸福的事啊。朱恩隆先生长我十多岁，但后来我俩在美国斯坦福大学成为同学，物理系只有他和我是中国的研究生。我们虽然经常接触，但政见不同。那时多数中国留学生都在一个由华侨资助建造的中国学生俱乐部吃中饭，饭后大家看看报纸，随意谈谈国事，发表个人意见。一次我的进步言论激怒了他，一个与他接近的颇有反动之名的陈某，竟对我以老拳相威胁。朱恩隆先生尽管思想极右，但在电子直线加速器的理论研究上有很高的造诣，做出了奠基性的重大贡献。可惜新中国成立以后，他始终不考虑回国。最后竟抛弃了多年来养育子女、侍奉公婆的妻子而另行结婚了。大概在1980年前后病逝。

二、日寇进犯，逃难昆明

1944年夏，日本侵略军以很少的兵力从湖南经广西一直打到贵州，此事暴露了国民党的腐败无能，成为老百姓的笑柄。当时重庆政府大为震动，甚至有迁都的传言。这段令人感到十分愤慨羞辱的历史大家都很熟悉，这里就不想细说了。在日军进入广西的时候，中央无线电器材厂桂林总厂决定向大后方撤退。事出意外，情形非常混乱，我和爱人在兵荒马乱的难民潮中总算挣扎着逃到贵阳。其中艰苦，也非一言能尽。在贵阳停留期间，严任光老先生也转移到这里。他对我们的印象还不错，因此在我们的要求下，就批准了我们到昆明分厂去工作。于是我们就又经在美军中担任翻译官的同学的安排，搭乘美军运输队的便车，不用路费而启程奔赴祖国的大西南了。

1944年与妻子范绪箴在昆明黑龙潭前

中央无线电器材厂昆明分厂是分工生产无线电发射机的，位于昆明郊外黑龙潭附近的兰龙潭。我们到时，技术科领导先是陆钟祚（新中国成立后任南京工学院教授），后由沈尚贤（曾任浙江大学教授）担任，我们俩就被分配到那里工作。厂里同事有张守廉、朱洪元、张可南等人。

张守廉是一年级时的燕京同班同学，后来他转入西南联合大学了。据说在联大期间，他与杨振宁、黄昆都是当时学校杰出的学生，三人时常一齐在茶馆讨论学问、高谈阔论，人称“三剑客”。张由联大毕业后在昆明无线电器材厂工作，后赴美留学，成为美国纽约大学石溪分校的名教授，在学术上有多方面的成就。我们由桂林到昆明时，他即将赴美留学，就把手里的工作交给我进行了。

2001 年在上图拍摄 54 年后在昆明黑龙潭同处留影

1980 年与朱洪元教授在美国斯坦福大学校园内

一件事是研制手摇发电机的滤波器，这是一件简单的工作，只要根据手摇发电机的干扰频率设计一个滤波线路串联起来就行了，这件工作我很快就完成了。另一件事是要我研制一台按特定水晶晶轴切割晶片的装置。为了这个工作，我拜访了当时设在昆明黑龙潭附近的北平研究院研究晶体的专家，向他学习了如何测定晶轴和按一定角度切割的方法。后来此项工作因日本投降，我要到北方复员而中断。

三、第一次接触高频、高压工作

领导给我的另外一件工作就是配合发射机厂的需要，研制一台测量绝缘材料的高频、高压特性的装置，设计思想可能是张守廉的创见，即用一台大功率高频振荡器，将它的输出耦合到一个由固定电感线圈和两片可变电容组成的另一振荡回路，在这个回路的电容器上就可激发很高的电压了。这个原理实际上与后来发明的一种加速器——电子回旋加速器（microtron）的工作原理是相近的。将待测的绝缘材料片材放入电容器的间隙中，根据有、无绝缘材料时此耦合振荡回路中高频电流表的电流值和电容器的校正曲线，就可以推算出电压和介质常数了。我带领一个十几岁大的学徒工用了几个月的时间把装置做好。试验时看到用铅笔接触电容器可以拉出两寸来长的紫色火花，感到十分有趣。

在进行这项研究工作时，我经历了一件意想不到的事故。原来在高压整流器中作为滤波用的高压电容器两端，一般都连接一个高电阻值的泄流电阻，它的作用是在电源切断后，会将电容器上的高压泄去。但不巧我用的这个国产泄流电阻质量不好，电阻丝断开了，但我并不知道。因此当我关掉电源，用手接触到与高压电容器相连的元件时，受到一次严重的电击。这是我在科技生涯中第一次遭遇的意外事故。就在这事发生的前后，也是因为一个电阻断线，振荡管没有了负栅压，结果管子的屏极电流变得极大，使屏极亮得如同一支几百瓦的灯泡。我当时正在旁处，发现大厅屋顶突然亮了起来，才赶紧跑去把电源关掉，我本以为这一下管子一定损坏了，但没想到再次开机，管子依然完好如初。这事使我对该产品的质量，有一个很深的印象。

这个装置研制成功之后，在校准的时候碰到一个十分奇怪的现象，就是调正可变电容器产生共振时，左旋与右旋的电流表的读数是不同的，即电流是电容量的多值函数。这样虽然并不影响使用，但现象本身使我百思不解。我感到非常困扰，在很长一段时间内，对这个现象的思索使我如痴如迷，见到厂内、外的专家、大学里的教授时都要把此问题提出请教，但直到我留学回国后进行电子回旋加速器的研制的时候，我才突然悟出了其中的道理。这已是十几年以后的事了。原来一个振荡器经过耦合回路向一个高品质因子的振荡回路馈电时，这个系统，按调节方式不同而可有几个不同的振荡模式的。这个问题在第二次世界大战时雷达的发展过程中曾经受到注意，有一些研究论文发表。在系统的尺度远小于工作波长或谐振负载的品质因数很低时，这个现象并不显著，因而没有引起很多人的注意。而在我研制的特殊装置中，此现象比较严重，这事我在后文中还要提及。

在厂里还有一位时常交往的同事就是后来又在中国科学院高能物理研究所（简称高能所）共事与我共同推动北京正负电子对撞机（BEPC）的建造的理论物理学家朱洪元先生。那时他在发射机厂做机械设计工作，正患着较重的肺结核病。只好住在一个种菜人的住处，生活很感寂寞。我们不时请他到我们只有一间屋子的家中小坐。他有一次提出对鸡蛋直立的稳定性的数学问题与我讨论，使我对他的理论探讨的倾向和坚实的分析能力有了深刻的印象。1944 年他赴英留学，当时我们很替他担心，因为英国天气不好，可能对他身体不利，但想不到他却在英国彻底痊愈了。他在曼彻斯特大学攻读理论物理的博士学位，博士论文题目是："关于宇宙射线中电子受地球磁场偏转产生的电磁辐射的性质的研究"。论文中对辐射的能谱、角分布、极化等性质做出了详细的分析，并于 1948 年在英国杂志上发表。在实验室中，这种辐射是在 1947 年美国通用电气（GE）公司的一台电子同步加速器上被发现的，因此称为同步辐射。这种辐射的独特性能使它在光与物质的相互作用的基础和应用研究中有着重要的价值，迄今世界上产生同步辐射的装置已经发展到第三代，是许多学科实验研究不可缺少的工具。从历史过程来说，朱洪元是同步辐射理论最早的研究者。他回国之后，在原子能所工作，对有国际影响的层子模型的建立做出了重要的贡献。他写的《量子场论》一书，是青年理论物理学者必读的经典之作。后来他在推动我国高能物理实验装置"北京正负电子对撞机"的立项和确定方案上起了关键的作用。

1945 年初，第二次世界大战的战局逐渐有一个显著的变化，德、日的败相已日趋明朗，广岛被原子弹轰炸后，日本投降已成定局。这段时间，我自制了一个矿石收音机，每晚听战况广播。在 8 月 15 日那天晚上突然听到日本投降的消息，真是感到“剑外忽传收蓟北，初闻涕泣满衣裳”的心情，我和妻子都沉浸在抗战终于胜利了，我们可以回到平津与家人团聚的美好憧憬中，兴奋得彻夜无眠。

四、日本投降，北上还乡

日本投降之后，资源委员会决定，无线电器材厂的重庆分厂迁到天津，昆明分厂迁到南京，分别接收敌伪的相应工厂，作为战后发展无线电工业的基地。我们俩的家都在平津，所以希望回到北方，便又向厂方请调到重庆小龙坎的分厂工作。

在重庆分厂中，因地理关系，技术人员多是中央大学的毕业生。但厂领导则仍然是上海交通大学出身的专家。由于我原来在桂林总厂的研究室工作，所以被分配到此时也撤退到重庆的蔡金涛先生主持的研究室暂时工作，以待北上。蔡先生从桂林到了重庆，他原来领导的研究室已是名存实亡，只有他一个人和一间房间。我来了之后才形成一将一兵的局面。在研究工作中，蔡先生提出了一个信号反转（speech inversion）的课题。这是一种保密通话的方法，即将声音与一固定频率的振荡混频，再经滤波器选出拍频，这样声音中的高频部分变成了低音，而低频部分则变成了高音，当然是无法听懂了。当信号传到接收地点，再经过混频产生拍频，产生相反的过程，声音就被还原而能被识别了。原理虽然简单，但实现起来却遇到很大的困难。蔡先生为此进行了很多理论分析，但主要由于厂内生产的部件性能的限制，仍无法取得设想的效果。此时我和一些同事很快就要踏上北上的征程，分厂也将迁移，这项工作也就不知所终了。

当时由内地回到沿海大城市的复员工作，因人数众多而交通工具极少，就形成了上、中、下三种社会阶层人的不同复员方式。有办法的达官贵人乘飞机，地位低一点的乘船，像我们这些小职员就只有迂迴地在地面爬行的份了。

我们十几个人首先由重庆坐汽车到宝鸡，再乘火车到临潼，在风陵渡坐牛皮筏渡过黄河，然后坐骡车起旱，进入山西，经过太原，再乘火车回到天津。一共走了大约半月。途中经过不少极端贫苦的农村，村民想做炒鸡蛋招待我们，却无油可用，只能端一小盘粗盐、一小盘干辣椒面佐餐。多数人衣不蔽体，面黄肌瘦，看了使人心痛。这固然与抗战有关，但也是国民党反动统治下对农民长期剥削的结果。

在天津指定接收的工厂是火车北站附近的升恒厂，它是日军做枪支的机械厂，具有相当的规模。有一个很大的机械加工车间和一个电炉炼钢炉。这时根本没有元件的来源，无法展开无线电有关工作，就只好利用现成条件，承揽了开滦煤矿复工需用的运煤车车轮的制造。我被安排在炼钢电炉车间工作。车间有大约十来个工人，在与他们经常的接触中，使我深感劳动人民受到的剥削与悲惨的生活。工人中有一人患着严重的肺结核病，但还得拖着站立都有困难的病体前来上班。我感到很难过，就利用“现管”的少许权力，让他在家休息，只要发工资那天来就行了。

后来上级又把一个坐落在火车西站的一个较小的工厂交给我们，领导派施复言工程师负责这个小单位，我和绪籛和其他几个同事也调到这里，任务是整理美军遗留的一批剩余通信器材，包括装在通信汽车上的功率很大的发射机和收音机等通信设备。任务不但不重，而且也有很大的伸缩性。我把一台发射机装上天线来试验整机的工作状态，于是很自然地我就在业余时间利用这台机器与业余无线电爱好者进行通话了。有发射机的业余无线电爱好者，一般都印有自己设计的台卡，标明自己电台的呼号、地址、通信时间、电台功率和收到对方信号的强弱等情况。双方建立通信关系后，都会互寄台卡，作为记录和纪念，如果在世界五大洲都曾有过联系，则可说曾 WAC（worked all continents），这是业余爱好者的一种荣誉。业余电台的拥有者主要是锻炼技巧，掌握通信时间和条件，以功率较小的发射机来做到 WAC。《业余无线电手册》（*radio amateur's handbook*）是人手必备的参考书。另一方面，它也正如现代的因特网，可交些不曾见面的朋友，讨论技术，彼此帮忙。因此是正式通信系统的一种辅助手段，历史上自然灾害多次破坏了正常通信而业余爱好者则对保持信息畅通起了关键的作用。事实上，后来我赴美留学的船票，就是请在上海的一位从未谋面的业余爱好者帮忙预订的。

就是在这个时期，天津的商业无线电台盛行。一位杨姓商人想经营电台，经熟人介绍请我代为设计。我以前并没有设计广播电台的经验，也乐得借此得到一些新的锻炼。那时我们住在西站工厂一所日本式的二层小楼宿舍里，时值酷暑，我在闷热难当的楼上书房里，脱掉衬衣，汗流浃背地进行了设计工作。设计完成后，他们找了两位技工按照我的设计，只用了几个月就把发射机做成了。而且音质很好。但旧社会贪污腐败盛行，凡事都要走“门子”、讲“关系”。杨某没有后门，申请登记时，得不到电信管理局的批准。因此试播了一个时期后，也就关门大吉，他的这番经营也就付之东流了。

这事给我的一个体验就是中国工匠在极端落后条件下表现的高水平的技艺。发射机中使用的可变电容器，本来需要是正规工厂的产品，它的铝片电极要使用冲床冲出，再行磨去边角以防止高压击穿。但那时在市场上是买不到这样的特殊器件的。两位技工就找到一个做铝锅的小店，由学徒工用锉刀锉制成铝片电极；高压变压器则是在一个盖在潮湿泥土地上的小店里用手工绕制的。在这样的条件下竟也能生产出可供使用的高技术产品，这事给我一个深刻的印象就是：在条件缺少时，是可以因陋就简地找窍门克服困难来完成任务的。

五、留美考试

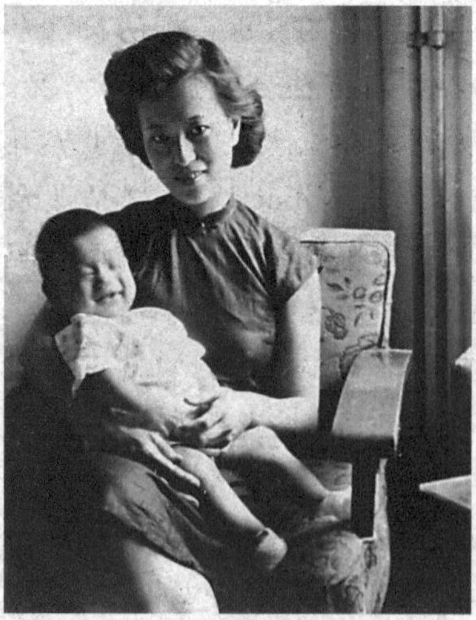

1947 年出国前绪钱与大儿亚宁

在天津工作大约一年，工厂始终无正业可务，没有元器件，无法生产无线电产品。此时教育部举办了留美考试。通过考试的人可以用官价外汇赴美留学。当时官价外汇十分便宜，约为市场上美汇的 1/20，这样留学实质上并不需要自家负担费用。我考虑这是出国学本领的时机，于是参加并通过了考试，然后联系了美国著名的加州理工学院，得到了入学许可。这时我们的第一个孩子诞生了，我只得在孩子四个月的时候，离开了绪钱母子独自出国了。

1947年8月，我由上海乘阿德水手号（Marine Ader）运输舰去美。这是美国轮船公司从海军部临时租用的，吨位只有几千。船小颠簸厉害，我首次出海，晕船严重，真是苦不堪言。好不容易盼望着看到了美国旧金山的金门大桥，这才结束了两周多的痛苦旅程。

第四章　留美生涯

一、加州理工学院

我是一个性格内向，行事喜欢独来独往的人。孤身抵达陌生的美国以后，由旧金山下船改乘火车到加州理工学院所在地帕萨迪纳市（Pasadena），还没遇到什么困难，但到学校后才发现没有宿舍可住。我一人提着随身的箱子，在加利福尼亚州（简称加州）南部酷热的骄阳之下，拿着学校房管处给的一些愿意向学生出租房间的房东的地址单和城市的简单地图，在一个完全生疏的城市里东奔西走，狼狈不堪，最后总算租到一间住所，可以栖身了。

1947 年在美国加州理工学院与同学李正武（右）合影

关于此校的研究院课程的性质，我更是知之甚少。当时国内大学毕业后准备出国留学的学生，常常先留校当助教作准备，他们有充足的时间熟悉国外研究院的课程，同时对各校专业设置有较多的了解。但我在工厂工作期间很少接触到学术界人士讨论留学的问题，在工厂的几年又基本上没有接触过书本，这都是不利的条件。入学之后，幸亏我有点应试的能力，选修的一些课程，得了较好的分数，满足了学校学分和考试成绩的要求，用了九个月，就很简单地得到了一个硕士学位了。

加州理工学院当时的教授阵容

是十分强大的，仅以物理系而论，就有密立根（R. Millikan）、安德森（C. D. Anderson）两位诺贝尔奖得主，难怪学校名满天下，学生“趋之若鹜”。我之所以选择该校，也是在国内慕名的结果。

但是，我所不知的，也许现在仍有些人不知，就是美国各大学学科发展的重点是各不相同的，光只考虑是否名校还不够，还需要区分它在哪些学科突出，这些学科是否是你要深造的领域，这样才能做出明智的选择。现在美国有些杂志如《美国新闻》（*U. S. News*）以及网络上，都可找到最新的美国大学研究院各系的排名榜，可为预备留学深造的学生参考。

在美国西海岸，加州理工学院的航空、物理、化学、生物等系都是世界闻名的，但微波物理与技术却是以斯坦福大学物理系独占鳌头。我的个人兴趣和几年来在工厂工作的性质，都倾向于更接近实际应用的微波物理与技术，但我当时在国内从未听说过斯坦福大学，更不知什么是它的重点发展方向。说到此事，我真应该感谢我的已故的朋友肖健教授，他是我国著名的宇宙线专家，留美回国后，建成了云南落雪山当时世界最大的云雾室。他不幸于1984年因病早逝。我在1947年去加州理工学院时，正是他在斯坦福读了一年书后转学到加州理工学院的时候。我问他为何转学，他说斯坦福物理系里开的课程，多是偏重应用基础研究的微波物理和技术，

2004年与美国加州理工学院同学庄逢甘院士夫妇合影

而他则更想学习纯基础研究的物理知识。这时我才恍然大悟，原来斯坦福正是我应去的地方，所以我就下决心要转学了。能够随意转学一事也引起我一点感想，就是学生希望献身于哪个领域作为终身努力的目标，这在他求学开始时并不一定是十分明确的，尤其是刚刚进入大学的时候。因此允许转系、转科、转学对人才成长是十分重要的。我知道一个美国学生，大学时在哈佛大学念物理系，毕业后又因对法律感兴趣而转学法律。取得律师资格以后，又决定学医。至今他已是一位颇有成就的心脏病专家了。当然这是一个相当特殊的例子。近来我听说，我国有的大学也允许转科转系了，这无疑是对促进人才成长的大好事。

在大型科研设备方面，加州理工学院校里有高压倍加加速器等低能加速器[①]，这个高压倍加器已经过时了，无人使用，被封存在一个大厅里。据说只是偶尔有好莱坞拍恐怖、惊险电影时要借用一下。另外还有一台能量不大的电子同步加速器。其中电子在器内做回旋运动时，会发出可见光辐射，从一个真空盒的窗口射出，照在实验室墙上闪闪发亮。我和同学们在课间常去看看，觉得很是奇怪，也启发了我对这复杂的科学仪器——加速器有了很强的兴趣。但那时大家都不甚明白其中的道理。事实上它就是在1946年刚在GE公司的电子同步加速器上发现的同步辐射光[②]。它的重要价值当时还未被人注意，这与现在的情况完全不同。如今世界各国已经先后建立了大约60台同步辐射装置，它在对科技发展的推动中发挥了广泛的重要作用。

加速器物理与技术的研究并不是加州理工学院物理系的重点发展方向。但在这里核物理领域的基础研究却是一个世界上小而精的中心，大师众多，成果斐然。在那里学习的一段经历，使我深感一个大学办得是否成功，能否培养杰出的人才，造福人类社会，并不在于规模的大小，而是在特定的学术领域能否占据世界的前沿地位。加州理工学院是一个训练献身基础研究的学者的极好的地方，那里是“谈笑有鸿儒，往来无白丁”，学

---

① 加速器是人工产生高能量的带电粒子束的装置。它利用电磁场将带电粒子加速到极高能量，用以轰击原子核或更小的“基本”粒子使它们发生变革，是人类认识物质深层结构的重要工具。此外，它在国民经济和国防建设中，也有广泛而重要的应用。

② 同步辐射是加速器中高能电子在受力改变运动方向时产生的电磁辐射。它的强度很大，包括广泛的波长范围以及其他特色。因此在多种科技领域成为重要的研究工具。在发达国家和一些发展中国家，纷起建设，性能不断提高，迄今装置已发展到第三代。我国已有北京高能所、合肥中国科学技术大学和上海光源三代同步辐射装置。

术空气十分浓厚，可说是首屈一指的学府。尽管如此，加州理工学院始终保持学生数目很少的规模，而且校园设在帕萨迪纳市中，四周住宅密布，也不允许它再行扩展。与其他大学相比它保持着有其特色的风格，培养出的著名科学家、工程师是举世闻名的。这与一些大学只靠扩大招生人数和校园规模来增加影响力的作风是迥然不同的。我们的教育家，应该想到数十年前梅贻琦先生的名言："大学者非有大楼之谓也，之有大师之谓也"。

当然，前面所说，也不能一概而论。斯坦福大学就是以校园宏大、学生较多而著称。核心的问题是一个一流的大学应该在某些学科领域占有独特的地位，这是至为关键的。

二、斯坦福大学

为了转学，我找到当时任加州理工学院校长的密立根（R. Millikan）教授，请他给我写推荐信。密立根是因他的油滴实验测定电子电荷和光电效应而获得 1923 年诺贝尔物理学奖的国际知名学者。物理系另一教授安德森（C. D. Anderson）是他的学生，于 1936 年因发现正电子而获诺贝尔奖，而这个发现，又是在我国著名物理学家赵忠尧先生的硬 γ 射线在物质中的反常吸收的实验的启发下取得的。据说，安德森的工作原是在密立根的指导下进行的，在云室中发现了正电子的迹象后，安写成论文预备发表，原也有密的名字，但密立根因担心实验不可靠，曾说：你若要发表，不要把我的名字放上。因此他就失去第二次得奖的机会了。我在该校读书时，他已届高年，任校长同时讲授近代物理课程。因我选过他教的课，得了较好的分数，因此请他写介绍信时他很高兴地接受了，而且在信中把我美誉有嘉，说我是他的仅次于袁家骝[①]（Luke Yuan）的优秀的中国学生，当时我并不知袁家骝是何许人，只是在大约 30 年后才结识袁家骝先生和他的夫人吴健雄教授。那时我带队在美国费米国家实验室（FNAL）和布鲁克海文国家实验室（BNL）进行高能加速器考查，袁先生是布鲁克海文

① 袁家骝（1912～2003）高能物理学家，生于河南省安阳县（今安阳市），祖父袁世凯，夫人是著名物理学家吴健雄。他在 1930 年入燕京大学。1936 年赴美深造。1940 年获加州理工学院博士学位。袁在第二次世界大战期间曾参加美国政府的国防科研工作，协助制造雷达系统，战后入普林斯顿大学从事宇宙线研究。后又在布鲁克海文国家实验室工作。他在高能物理、高能加速器、粒子探测器、宇宙线、无线电等方面均有很高的造诣。

实验室的高级研究员，而且是加速器方面的元老。他对我们考查组的工作和生活十分关心和照顾。在中美高能物理联合委员会早期会议中，袁先生也是成员之一。认识以后，我每次到美经过纽约，他们夫妇总是热情招待，有次他请我和绪籛到纽约帝国大厦吃饭，我因是在夏天，只穿衬衣，但却被拒入内，只好借件上衣。这是一次经验，也是美国社会那时的一个特点，一方面是在很多场合衣着比较随便，但另一方面在某些场合，却必须要正装出场，而这个要求在东海岸和西海岸又是不同的。1997 年台湾同步辐射研究所约请我前往讲学，大概也是因袁先生的推荐，那时见到他已经明显消瘦，如今他和夫人吴健雄教授都已先后作古了。

回到去斯坦福的经过：我寄发密立根教授的介绍信后，很快就得到斯坦福大学接纳我的回信了。这样，在 1948 年夏天，在举行了硕士学位授予典礼后，我便启程到位于北加州的帕洛阿尔托市（Palo Alto）的斯坦福大学去了。

三、斯坦福人物志

斯坦福大学是美国早期开发西部时，一位以修筑铁路发家的名叫斯坦福的人，为纪念他早逝的儿子而捐资修建的私立大学。成立于 1891 年，迄今已有百年以上的历史了。在近年的美国大学的评比中，其物理专业常居前茅。

在 1948 年我转学去斯坦福大学的时候，它的物理系规模并不很大，但有很强的向应用领域发展的倾向。如席夫（L. Schiff）教授，尽管他写的一本《量子力学》是许多大学物理系的经典课本，但他对有重要应用的同步辐射的理论研究有奠基性的贡献。布洛赫（F. Bloch）教授以核磁共振（MRI）实验测量在 1952 年获诺贝尔奖。他在固体物理领域也多有建树，被称为固体物理之父。他所发现的核磁共振的观测方法，已被应用于各大医院普遍使用的核磁共振仪上[①]。我国北京大学教授虞福春先生那时是布洛赫的博士后，他正带着夫人田日灵和刚刚出生的孩子住在学校宿舍，我们经常接触，并交流国内的情况。

---

① 核磁共振是原子核磁矩在固定磁场和交变电磁场中发生的能级共振跃迁的现象，它本是测定核磁矩参数的基础研究的手段，但后来与成像技术相结合，发展成为人体疾病诊断的有效方法。目前已在各大医院被普遍使用。

我在斯坦福做研究生的时代，席夫教授担任物理系主任，他与布洛赫教授共同讲授初、高等量子力学的课程。席夫的温文儒雅、严格严谨与布洛赫的倜傥潇洒、神采飞扬的风格形成了鲜明的对比，但对学生来说，听他们讲课无疑都是极好的享受，得益良深。

物理系在这个时期，最活跃的学术领域是微波物理与技术。主要因有一位在早期微波领域占有特殊地位的汉森（W. W. Hansen）教授（后被称为微波之父）、他的学生金兹顿（E. Ginzton）和微波电子学专家卡得罗（M. Chodorow），他们三人共同组成了这个领域的高水平的人才阵容。

这时是第二次世界大战刚刚结束，核物理当时是物理学科中的热点。美国许多大学都在建造设备，进行核物理实验研究。我们知道，核物理是研究原子核的物理学，而原子核是看不见的极小的微观粒子，为了研究其内部结构，需要用更小的高速“子弹”来轰击它，因而产生了加速带电粒子的装置，这种装置叫做加速器。当时斯坦福大学物理系也讨论过建造一个 1MeV（兆电子伏）左右能量的加速器。为了加速带电粒子，首先要产生高电场。汉森想到：利用一个金属盒子构成的谐振腔可以有效地达到这个目的。因为当金属盒子馈入微波功率时，如果微波频率与盒子尺寸满足共振条件，其中电磁场往复振荡，即可产生很强的电场，可用于加速带电粒子。他那时给谐振腔起了一个有趣的名字——伦巴器（Rhumbatron）（伦巴是大家熟知的一种南美洲的舞蹈名称），表明其中电磁场的往复振荡状态，犹如伦巴舞的舞姿。在加速器领域，这是一个十分重要的发明，谐振腔现在已是所有高能加速器中的关键部件了。

第二次世界大战中英国发明的雷达对反法西斯战争起了决定性的作用。雷达的发明是基础物理学应用的结果，这是大家都熟悉的事情。但是雷达技术的发明又是如何推动了高能物理学的发展呢？在此我把我所亲历目睹的与历史过程有关的人和事较详细地谈谈，用以说明科学与技术的相互作用。

在斯坦福大学物理系的研究课题中，一个重要的方向就是开展了电子直线加速器[①]的研究。为了检验这种加速器的工作原理是否可行，1947 年

① 加速器有多种形式。电子直线加速器是其中的一种，但它是唯一的可将电子加速到极高能量的装置。它主要由三个部分组成：一是加速电子的加速管。由多个有中心孔的盘片，相隔一定距离置于圆形波导之中，名为盘荷波导。可由理论上计算有关尺寸，来控制在其中传播的、有很强的轴向电场的电磁波的相速。二是在加速管中激发电磁场的微波源——大功率速调管，它将微波功率馈入加速管，在其中激发电磁波。三是被加速的电子源，电子由电子枪产生。在注入加速管时，速度应与其中电磁波的相速基本相同，以保证电子可以得到持续的加速。

在美国海军研究署的资助下，汉森和三个研究生使用雷达系统中的磁控管，和其他雷达技术的元件，研制、建成了一个可以加速电子的直线加速器，能量达到4.5 MeV。在这初步成功的鼓舞下，他向海军研究署又提出了建造1GeV（千兆电子伏）电子直线加速器的倡议书，他在倡议书中要求95万美元的资助，用两年半的时间。工作人员包括他本人、瓦里安兄弟（Varian brothers）、卡德罗和金兹顿五人。这个倡议被批准了，于是斯坦福开始了高能电子直线加速器的建造。但汉森不幸于1949年春季英年早逝。不过他的事业却连绵至今，在他的同事们的努力下，在20世纪50年代建成该器，利用这台电子直线加速器，霍夫斯塔德（R. Hofstadter）教授进行了原子核电荷分布的研究，由而获得了1961年诺贝尔物理学奖。也是由于这台装置的建成，奠定了“斯坦福直线加速器中心”（Stanford Linear Accelerator Center，SLAC）的基础，在世界范围形成了一个电子能量最高的高能物理研究中心。该中心先后产生了四位诺贝尔奖得主，为高能物理学的发展做出了重要的贡献。由此可见，电子直线加速器的出现奠基于雷达技术的发展，最后推动了高能物理学的进步，说明了技术与科学的互动作用。

我在1948年秋转学到斯坦福大学之后，知道有名的汉森教授要开课讲授“微波电子学”，我就选了他开的课程，这时他已是带病之身了。上课时每讲一段话，就需要喝一口水。原来在第二次世界大战中，他做与军事有关的科研，在金属铍上钻孔时曾吸进一些粉末，从此肺部的弹性逐渐丧失。1949年春，一天早晨我们正在等候他来讲课时，他却迟迟没有出现。后来噩耗传来，他已于夜间去世了。原来他为自己设计、制造了一个供氧装置，不幸这台装置在夜间出了故障，结果他就在40岁的英年因窒息离开人世了。汉森在物理学界是一个奇才，他既有很强的理论分析能力，又有亲自动手做实验的本领，兼具这两种才能的人是不多见的。汉森逝世前不久，被选为美国科学院院士。他在第二次世界大战时曾在麻省理工学院，向由政府组织来的大学教授们讲授微波课程。在1952年我在俄勒冈大学教了一年书后又重返微波实验室时，实验室领导曾让我将他那时的讲稿（Hansen Notes）加以整理，发现很多内容都是他在没有严格推导下，凭着基本物理概念写出的近似表达式。这些公式与后些年经过专门学者研究发表的学术论文的结果常是只差一个$\sqrt{2}$或是一个π。这些近似结果已经足可用于指导实际的工作，对战时雷达技术的发展起了重要的推动。

关于汉森在1GeV加速器建造倡议书中提到的瓦里安兄弟，他们都对斯坦福大学物理系后来的发展起到了重要的作用，因此需要稍加介绍。远在20世纪30年代末期，物理系有一位发明家类型的学生卢索·瓦里安(Russel Varian)，他一心想发明一种能产生短波长的电子管。经过申请，他获得了学校100美元研究经费的支持、一间实验室的使用权和向系里教授的咨询权，但是没有工资。他设想了22种不切实际的方案，最后的第23种使用速度调制新原理的方案得到了汉森的认可。于是两人合作，并把谐振腔用于管子的研制。1937年在他善于动手的兄弟飞机驾驶员希古尔·瓦里安（Sigurd Varian）的帮助下，在那间简陋的实验室里，他们亲自制出了世界上第一个后来被命名为速调管①的新型微波管。

实际上，从学习的角度看，卢索是一个念书成绩较差的学生。一般人需要四年完成的大学教育他却用了五年，英文拼、写、说都有困难，数学更差，连很简单的方程式都不能解，但他却常有创新的想法。我在斯坦福大学微波实验室边工作边学习的时期，常常看到他在实验室里臂夹一个硬壳笔记本，踽踽独行，在各处转悠，把他临时想到的想法随时记了下来。他很少与人交谈，总是一幅沉浸于捕捉新思想苗头的状态。在斯坦福大学汉森、金兹顿等人的帮助下，在1948年成立了一个瓦里安公司，这是今天世界著名的硅谷的第一家高科技公司。由此可见，那时的斯坦福大学物理系，不但以微波物理和技术在世界上占有独特的地位，而且它也是“产学研”结合的典型。最初这个公司只有约100平方米的厂房，专门生产电子直线加速器、速调管、核磁共振仪等斯坦福大学物理系的一些教授的研究成果，后来逐步发展，已成为一个在国际上著名的庞大的高科技跨国公

---

① 速调管主要是一种微波放大器。它最基本的工作原理是让阴极产生的电子束流首先经过输入谐振腔，在它的间隙由外部振荡器激励而产生振荡电场，电场对从阴极发出的速度均匀的电子束产生速度调制，就是让在加速相位通过间隙的那部分电子得到加速，而让在减速相位通过间隙的那部分电子受到减速，这样，原来是同一速度的电子，一部分速度加快，一部分速度变慢，经过一段距离，快的电子赶上了慢的电子，在电子束中就形成束团，这个过程称为“群聚”。它使电子束由原来的均匀分布成为疏密相间的分布，或者说产生了密度调制。这样，当束团通过与输入谐振腔隔开一定距离的输出谐振腔时，就会在那里感应出放大了的微波场，可以引出使用。由于它的结构是电子束与谐振腔分开工作的，所以具有产生极大的微波功率的潜力。汉森等人意识到在直线加速器中，要把电子加速到很高的能量，需要的微波功率要以几十兆瓦计，这就需要研制作为放大器用的大功率速调管。每个大功率速调管产生的微波供应一节加速管，再把许多节加速管串接起来，而许多速调管由一个振荡源激励，这样就可以控制加速场的相位，使电子得到持续的加速，构成实际上能量可以任意提高的电子直线加速器了。由于大功率速调管的重要作用，斯坦福大学就一直在改进、提高它的输出功率这个问题上进行着不断的努力。迄今已有60余年的历史了。最初的速调管产生的功率只是以毫瓦计，现在已提高到百兆瓦级了。

司了。

卢索的经历告诉我们：一个看来不会有很大发展前途的人也可成才，为社会做出可观的贡献。关键是要有条件，如汉森等的帮助弥补了他理论上的不足，发挥了他的富于创新的思想优势，同时环境不对他歧视，学校还给了他必要的方便。自古流传韩愈有关人才的论述："千里马常有而伯乐不常有。"我觉得这就是说，人才常有而促使他成长的环境、体制不常有，结果使有些人才也就默默无为了。从瓦里安的事例，我感到一个人成才的关键条件是兴趣、能力与外界的支持。只有那些对他从事的工作具有强烈兴趣的人，才能主动钻研；只有在业务上获得足够能力的人，才能解决一般人解决不了的问题，而取得卓越的成果；也只有适当的外界环境给他提供条件，优势互补、团队互助，才能发挥他的所长。

卡德罗与金兹顿两人是我的博士论文正、副导师。卡偏重理论，曾写过一本微波电子学的书 *Fundamentals of Microwave Electronics*，而金则着重实验测量，写过一本被广泛使用的微波测量的参考书 *Microwave Measurements*。两人密切合作，开展了大功率速调管的研制，解决了相对论性电子束的速度调制的理论问题和把管子的功率从当时的水平提高2000倍所遇到的许许多多的实际问题，像如何产生400kV的脉冲高压作为管子的电源，管子如何耐受如此高压等。在研制过程，金兹顿曾在一次事故中被高压击中，濒临死亡。可见他是习于自己动手进行实验的。最后他们经过多年的努力建成了能供高能电子直线加速器使用的30MW的大功率速调管。为了他们的科技成就，两人均被选入美国科学院和美国工程院，成为两院院士。

金兹顿教授是汉森的得意助手和学生，曾任当时微波实验室主任，也是一个传奇式的人物。他父亲是早年由俄国去美国的移民，赤手空拳地参加了在19世纪末盛行的加拿大淘金潮，并很幸运地发现了金矿，由此发迹。后来回到俄国遇到他的母亲两人结婚，并进入医学院学医。毕业后两人都成为医生，生了孩子。在饱经第一次世界大战和俄国革命的动乱之后，全家来到中国哈尔滨。他父亲在中东铁路医院任职。1980年金兹顿访华，我请他在家中便饭，席间交谈中发现他、绪镶和我都分别在同一时期在哈尔滨生活过，那时绪镶的父亲在中东铁路任理事长。当金谈到他的父亲曾在中东铁路医务处的魏立功大夫的领导下工作时，绪镶说魏的太太是俄罗斯人，与她家很熟，魏太太养了很多狗，是绪镶小时去魏家串门时

1991 年与美国斯坦福直线加速器中心前所长 E. Gington 教授

1982 年与范新弼教授（左）及斯坦福大学卡德罗教授（中）

最怕的。这时金兹顿挽起裤腿，指着一处疤痕说：这就是魏家的狗咬的。听了这段故事，我们都惊憾世界之小，看似天南海北的人竟曾如此接近。

1929 年左右少年金兹顿离开中国移民到美，中学毕业后进入伯克利的加州大学电工系。他的硕士论文是关于负反馈的。由于他的论文涉及崭新的思维，电工系里的教授们无从对之加以评价，结果送到物理系的麦克米伦（E. M. McMillan）教授（加速器领域的著名科学家）那里，麦虽然对内容也不熟悉，但觉得对一个硕士是够好的了，就这样他得到了学位。1937年他进入斯坦福大学。在国际无线电领域的大师特曼教授（F. Terman）和当时初露头角的汉森（W. W. Hansen）领导下工作、学习，在1938年获得电气工程师学位。金兹顿因曾在中国哈尔滨工业大学附中读过书，对母校很有感情。他在1980年前后委托我与哈工大洽商，将他所藏的无线电领域的权威杂志（*Proc. I. R. E.*）的全部，包括运输费用，赠与哈工大图书馆，现在那里可能仍有以他命名的阅览室。

1949年冬新中国成立，我因回国参加国家建设心切，曾在1950年向金提出要辍学立即回国的愿望。他却劝我说，“你不久即可完成学业得到学位，何必半途而废呢？我虽不了解中国对学位的看法如何，但我知道在苏联还是重视的。因为学位是能力的表现，得到学位才能证明你具有更好的服务能力”（大意）。就这样我打消了提前回国的念头。现在回想，心中很是感谢他的劝告，由于坚持完成了学业，才使我后来可以到芝加哥独立承担研制加速器的任务，有机会获得了关于加速器研制的各方面实际经验，回国后能为祖国做一点贡献。

谈到微波实验室的同事，我又想起布朗（Karl Brown）这位国际上著

1998年在家宴请同学斯坦福直线加速器中心
束流输运专家布朗教授及夫人鲁斯教授

名的束流输运学专家。我们同时在布洛赫和席夫教授开的量子力学班上听课，课余也常常在一道探讨问题。后来我回国了，布朗留在斯坦福直线加速器中心工作，成为那里的资深科学家。他的夫人鲁斯（Vera Luth），是实验物理和加速器物理学家，直至近年仍在中心承担重要的职务。布朗教授在世时，不但斯坦福直线加速器中心发展过程中束流输运方面的棘手问题要由他解决，就是世界其他高能实验室的有关难题也要向他请教，他曾任职于欧洲核子研究中心和日本国家高能物理研究所（KEK）等处。我国在 20 世纪 80 年代初建造北京正负电子对撞机我担任工程经理时，就特别推荐高能所魏开煜到斯坦福向他学习、深造。结果魏回来之后，不但圆满地解决了对撞机注入的输运问题，而且在输运领域推陈出新地写了一本名为“束流输运”的书，至今这方面的学者都使用该书作为主要参考。

在电子直线加速器发展的过程中，一个关键的问题是，如何做出一个能产生极强的轴向电场，并以指定相速传播的名为盘荷波导的微波结构。为了实现这种具有特殊性能的波导，有很多的理论问题需要解决。前面谈到的我国原中央研究院研究员朱恩隆，那时与我同是物理系的研究生，他就以盘荷波导加速电子作为博士论文，因此应该说他是电子直线加速器理论的奠基人之一。

现在研制电子直线加速器可以使用现成的计算机程序进行设计，参考前人的制造经验进行加工，这已是寻常的事情了。但回顾前面所述的它的发展历程，却是经历了千辛万苦，得来不易。这说明了“创新”与“跟踪”是有很大差异的。我们要建设科技强国，必须强调培养高素质的创新科技人才，能够产生新思想，并能克服困难，把思想变为现实，这样才能攀登世界的顶峰。

由于 1GeV 直线加速器建造的需要，1949 年斯坦福大学成立了微波实验室，后改名为微波与高能物理实验室，开展了以高能电子直线加速器的建造和应用为中心的有关研究工作。实验室的工作主要是沿着两个平行的路线推进的，一是研制加速器，一是研制加速器使用的大功率速调管。两者对电子直线加速器的发展是缺一不可的。当然，同时还有少数人进行着物理实验用的探测器谱仪的研制。

当时在斯坦福大学微波实验室进行扩展电磁波谱的研究队伍中，有一位同事朋友叫莫兹（H. Motz）。莫兹是奥地利人，在微波实验室进行研究工作。他对中文很感兴趣，水平到了能欣赏中国诗的程度。他曾赠我一

1950 年在美国斯坦福大学微波与高能物理实验室 1GeV 电子直线加速器控制台前（二排左一金兹顿主任，二排左二莫兹，前排右一谢家麟）

本他写的小书，名为“微波理论中的电磁问题”，在签名时他要我给他取个中文名字，然后用中文签写。他的工作是使电子直线加速器产生的电子束通过一个有许多极性往复交替的磁场区域，此磁体后来被称为扭摆磁体，因为电子在其中通过时作扭摆运动。他从理论分析上证明电子作扭摆运动时会产生波长极短的自发电磁辐射，并得到了实验验证。他这项工作使我有幸能看到世界上第一个原创性的扭摆磁体的诞生。但这项工作在当时并未引起重视。后来随着相关科技领域的发展表明，不但他观察到的自发辐射是自由电子激光（Free Electron Laser，FEL）的前趋，而且扭摆磁体更是第三代同步辐射装置的核心。应该指出的是他最初做的扭摆磁体中使用的永久磁铁，竟是一些从第二次世界大战后美军的剩余物资雷达机中拆下来的磁控管的磁铁。另外，布洛赫教授在他获得诺贝尔物理学奖的核磁共振的实验工作中，使用的磁铁是从贝克莱国家实验室不用的器材堆中借来的。他们这种因陋就简地营建实验装置的作风是何等相似啊！这与一些人做实验研究，不论是否必要，首先申请大批经费，购买最新最好的设备，并以之为资本的习气真是大相径庭。

四、攻博之路

20 世纪四五十年代，斯坦福大学物理系对研究生有一个特殊的要求，就是凡是攻博的研究生必须每年参加一次综合考试，在考试中，必须名列前茅才能开始做博士论文。考试包括笔试和口试两部分，笔试要用一整天的时间，内容包括各门物理学，而口试是实验中会遇到的问题，目的是测验解决实际问题的能力。这个考试使很多学生望而生畏，不敢到斯坦福大学做物理系博士生，并把它称为地狱日（dooms day）。实际上，其他大学也多有类似的筛选考试，来判别这个学生是否适于做研究工作。我到斯坦福大学物理系以后，在第一年考试排名第四，第二、第三两年都考了第一。因此便顺利进入博士论文答辩的程序了。

论文的答辩也进行得很顺利，诺贝尔奖得主布洛赫教授是答辩小组的成员。他们提出了许多问题，其中一个是：克斯特教授（D. W. Kerst，首先研制成功电子感应加速器的伊利诺伊州立大学教授）最近提出一个测量带电粒子在加速器磁场中运动轨迹的新方法，即用一根铜线放在使用的磁场中通以适当的电流，则铜线的形状就代表了一定能量的粒子的运动轨迹了。提问者原意是要我做出定性的解释，但我却在黑板上推出了表达铜线形状的方程式。我能即时解决了他们认为的难题，这是完全出乎他们的意料的，所以很快就要我暂时回避，再进屋时就握手祝我已顺利通过了。

当时物理学研究的一个前沿领域，是扩展电磁波谱的研究。在基础方面，是研究如何产生波长更短的相干电磁辐射。1964 年诺贝尔物理学奖获得者汤斯（Ch. H. Townes）的微波激射器，就是在追求产生波长更短的微波的过程中发明的。前面提到的莫兹的工作，也是属于这个范畴。在应用方面，是研究如何产生输出功率更大的微波管。斯坦福大学在这两方面都走在世界前列。为了配合高能电子直线加速器的需要，应用研究体现为大功率速调管的研制，基础性的探索研究则表现为许多博士生的论文。中心问题就是研究电子束与电磁场的相互作用，将电子束动能转化为电磁场的能量，以便使场得到放大（在加速器领域，这个问题称为束流不稳定性）。有多种类型的实验性的微波管就这样诞生了，如特种行波管、空间电荷波管、单腔管、速度跳变管、行波速调管等。我的论文题目是研究在有电场和磁场交叉的空间，有电子束通过时，会不会有放大作用。研究的方法包括两个方面：一个是理论分析，一个是实验验证。为了实验验证，我设计制成一个装置，但后来发现，由皮尔斯阴极产生的电子束在进入交叉场区域时有很大的损失，这就难以肯定其放大作用了。事实上，那时进行的多个探索，很少最后能发展成为实用器件的。不过对这方面的研究，也有意想不到的收获。一般使用黑体辐射理论描述太阳的辐射谱，但在实际测量中却发现在某个波长附近有一异常的高峰，对此有人就是用太阳喷射的粒子束中的放大现象加以解释的。

从我在加州理工学院和斯坦福大学物理系的学习过程中体验到，美国教育体系是各个大学在学术方向、培养目标、课程安排等方面都有自己的特色，很少雷同，这样学生就可以按照自己的志趣就学，学校也可以不拘一格地教育出不同类型的人才了。也许就是各大学培养人才的风格不同，我才能按着自己喜欢的方式学习知识和技能。我的学习与有些人是不同的，除了上课学习基础知识外，用了相当的时间学习有些人不屑学习的实际动手的能力，我从实验室的技术人员身上学习了多种焊接技术、探漏技巧、金属部件的焊前化学处理、阴极材料的激活方法等。我关注这些实际工作中会遇到的技术问题有两方面的原因：第一是考虑到回国以后，脱离了美国实验室的环境，自己不掌握它们就恐怕难以推动工作；第二是我有喜爱自己动手的习惯。当然实验室内西方研究人员亲自动手的作风也深深感染了我。这个自己动手的能力使我后来到芝加哥能独当一面建成加速器和回国后建造可向高能发展的加速器时有了更多的信心。因为我不仅学习了有关的理论，了解其中的道理，而且能亲自动手，知道如何实现它，如何把思想中的事物变成现实的东西。这里应该指出，动手能力并不能简单理解为操作技能，它指的是对一个大系统中硬件的全面特性，包括生产过程，有一定的理解和掌握，这样才能在大系统出现问题时，有解决问题的实际能力。

在 1950 年汉森逝世之后，学校为了纪念他的功绩，决定将微波实验室改为以汉森冠名的实验室。那天早晨，警铃突响，工作人员都走到实验室门口，只见金兹顿主任站在那里，要大家围成一圈，然后宣布为了表彰汉森教授对实验室工作的贡献和他的卓越成就，实验室自此改名为汉森实验室。说完了也就散会了，前后约用了 10 分钟，这种有什么说什么，不浪费大家时间的作风给了我很深的印象。

第五章　破碎的回国梦

一、回国受阻

1951 年 9 月 20 日我终于交了论文，办好了一切手续，搭上克里夫兰总统号邮船（S. S. President Cleveland），驶离旧金山，踏上几年来日夜盼望的归国之旅了。

这时是新中国成立初期，留学生大都摩拳擦掌，预备回国在祖国的建设中一显身手，贡献所学。在我乘坐的船上就有几十名回国留学生。其中有燕京同学董彦曾和他的新婚夫人胡世平。船到中途檀香山，停泊一天，

1951 年在第一次回国的轮船上友人送行

（左为范新弼，右为张念智）

大家纷纷兴高采烈地上岸游览观光。在下午回船登上舷梯时，发现移民局和联邦调查局官员手持名单，核对每个登船的旅客。在我和另外几位留学生名字上都划有红线，他们问明我的姓名后，让我暂时到船上大厅中等待。最后，他们给我们每人一封信，打开一看，内容是根据美国 1918 年的一项立法，美国政府有权禁止交战国学习科技专业的学生离境，违者将受惩办。这突然的完全出乎意料的事件使我们惊愕、愤怒不已，但也无能为力。而且同时他们特别提出，要检查我的已经下舱的行李。于是在船长派人领路下，美方人员和我来到邮船底部，跨过船底放置行李的舱房间隔板上的孔道，找到放置我行李的部位。这里从上到下堆满箱子，他们只能把最上面的箱子费了很大气力搬下来，打开一看，都是书籍。想再检查其他箱子（我一共带了八个箱子）实在难以搬动，再加此时船长向他们提出意见，轮船行程不能耽误。结果几个检查人员商量一下，决定要船长把我的箱子从香港返航时运到旧金山码头再行检查。应该感谢他们的官僚主义和十分马虎的作风，我返美后，写了一封信给海关，以本人因事不便前往为由，委托朋友张念智很容易地把箱子从海关仓库里取了出来。因为我的箱子里有些是为了回国建立微波实验室的器材，如果查出可能会引出麻烦，现在取回箱子，悬着的心才一块石头落地。于是把箱子寄托在我原先住处的房东老太太家的车房里。这时我才公开在实验室露面，之前为了避免拖累斯坦福的微波实验室，因此并未前往。此外，因我决定回国，毕业前不曾寻找工作，这样当时生活就成了问题。好在那时找事容易，我在职业介绍所登记后，次日就被介绍到一个卡片工厂工作了。工作性质是把由传送带运到面前的一堆贺卡，选择身后架子上的大小合适的折叠纸箱，打开后将卡片放入，再把随着卡片送来的打字机打出的地址黏在纸箱子外面，就完成这道作业了。

经过大约一个月的打工生活，在行李又回到手中之后，我就回到微波实验室与师友们见面了。此时正巧是俄勒冈州立大学物理系系主任的休假年。系里需要找一个代课的教师，他们希望斯坦福大学物理系能介绍一人前往。这样，我就被介绍到那里担任教学工作去了。

在回国的船上，他们为什么特别要检查我的行李呢？这里还有一段故事。

1950 年 7 月至 8 月，在我们毕业之前，我和同学范新弼、张念智二人考虑到回国后如何继续我们的微波方面的研究工作，希望能为祖国的科技发展作些贡献。想到国内缺少实验用的器材，曾写信给时任中国科学院秘书长的钱三强教授，询问是否要带些关键的器材回来。得到了领导的支持，便采购了一批为建立微波电子学实验室所需要的主要器材，如扩散泵、机械泵、磁控管、反射速调管、波导管、晶体检波器等，这些都是实验室使用的器材，但有些可能是禁运的。因我们在斯坦福大学微波实验室工作，订购当然合情合理。器材交货，我们便装了三个美军处理的剩余物资木箱，打算由我当做随身行李带回。事后回想，这事办得实在是过于莽撞了。在离境的第一关就是托运行李，海关人员要开箱抽查，如果发现我带的器材，即便以科研需要为理由恐怕也是难以放行的。但我听说他们工作是十分马虎的，因此在托运那天，一方面与检查人员聊家常，联络感情，一方面奉上我用五角钱买的一支雪茄，表示友好，结果他连一个箱子也没开箱检查 ，就用粉笔在箱上签字算是通过检验了。

当时我住在校园内中国学生俱乐部，我们三人白天黑夜用了很多时间开箱、装箱，尽管相当小心，但这么大的举动也很难完全不为他人所知，因而走漏了消息。另外，我动身之前的一天晚上，我在实验室工作时，秘书告诉我外面有人找，出去一看是两位我并不认识的衣冠楚楚的人，他们向我展示的身份是联邦调查局（FBI）工作人员，问我能否随他们到停在实验室外面的车上一谈。我到车上后座坐定，他们告我我的话将被录音。询问一般的情况以后，他们问我是否要回国，我说我的妻子、孩子都在中国，我当然要回去。他们说你回去后是否愿意为共产党政府工作，我说共产党政府是主张建设国家的，而我留学的目的正是要求得学识来建设祖国。他们听了也就没什么可问的了。但这事也许和我们在学生俱乐部宿舍装箱的举动与归途在檀被扣，并要求检查行李是有些蛛丝马迹的联系的。

这时船上约有数十名回国的中国留学生，我们一共八人就这样毫无道理地被禁离境，而最后只好重返美国了。当然承受了巨大的精神和物质的损失。当时在气愤之余我下船后给白宫打了一个电话抗议，但显然这只是幼稚地浪费电话费而已，毫无作用。据说一直到 1954 年日内瓦会议中周恩来总理向美国国务卿杜拉斯提出了美国扣留中国学生的问题，这样才使得在 1955 年产生了允许愿意回国的中国学生可以离境的规定，这也是我能够最终回到祖国的关键。

二、俄勒冈大学执教

俄勒冈州是美国西海岸与加州毗邻的一个以农产、木材著称的州。在俄勒冈大学所在地尤金（Eugene）附近有条大河在深深的峡谷中流过，森林密布，土地肥沃，风景优美。我常在课余之暇驾车到河旁山顶高处一个小餐厅就餐，遥看滔滔江水，汹涌澎湃，犹如当年日本投降后我与绪篯横渡黄河的情景。而我今寄居异域，返国无期，心情郁闷，可以想见。有一小诗说明我当时的心境：

峭壁夹江一怒流，小舟浮水似奔牛。
黄河横渡混相似，故国山河入梦游。

一般美国各州，都设有两个州立大学：一个是文理；一个是农工。在俄勒冈州，文理科大学就是俄勒冈大学，设在尤金。以农工科为主的大学名为俄勒冈州立大学，设在科瓦利斯（Corvallis）。我就是到前者任教的。

在1951年，美国的种族歧视还是很猖狂的，记得我到校之初，学校举办庆祝开学典礼的音乐会。特别请来著名黑人女高音歌手安德森（Marine Anderson）前来表演，但想不到当地旅馆竟然拒绝接纳黑人住宿，最

1953年在俄勒冈大学任教，摄于教学楼前

后校长只好请她到自己家里做客过夜来应付这个尴尬的局面。那时也偶然有黑人从南方来到尤金，他们是租不到住房的，结果只能在公路桥下面寄身。我在斯坦福微波与高能物理实验室工作时，实验室雇用了一个黑人打扫卫生。他向我借了点钱，这事不知为何被实验室副主任品达（Pindar）先生知道了，他找我谈话，关照我不要与黑人有任何来往，说："他们借了钱是不会还你的。"但事实上几天后他就把钱还给我了。这事说明那时美国的种族歧视是很严重的。当然现在美国学校和研究单位都标榜"同等机会"，并对同等条件的黑人优先录用，应该说是有了不小的进步。人类在进步，社会在发展，种族歧视早晚要被历史埋葬的。

到尤金之后，发现燕京大学一位老师、光谱学专家陈尚义先生也在那里教书。异域相逢，自是万分高兴，初到时我就暂住在他家。

在这里我教过两门课程：先给研究生讲电动力学，后给大学生讲电子学。同时与陈先生联合开展了一个分子光谱学谱线压力增宽效应的研究课题，拟测氨气的吸收谱线在不同压力下的展宽效应。陈先生是国际上著名的谱线压力增宽效应的专家，曾主持这个专题的国际会议。他从加州理工学院毕业，回国后曾在北平燕京大学执教，后再度来美定居，在俄勒冈大学任终身教授。他长期进行谱线压力增宽效应的研究，用创新的思路将实验使用的设备耐压能力不断增大，走在世界该领域的前沿。他在光谱方面有广阔的经验，我则对微波技术有所了解，因此我们很自然就选取了在微波波带氨的吸收谱线的压力增宽效应作为研究的课题了。

美国在第二次世界大战后把许多军用电子器材无偿地分给各大学使用。我就从物理系的剩余物资堆房中找到微波振荡器、波导管和检波用的晶体等器材，搭起了一个可充氨气的微波传输系统和探测器、示波器等实验装置，结果很容易地观测到吸收谱线的主峰和旁峰随压力增加而变宽的现象。但我们的工作没有经费支持，无法添置密封性良好的高气压充气系统和气压测量装置，而此时我又接到斯坦福大学微波与高能物理实验室的聘请，要我去担任研究助理的工作，因此我们这项研究也就中断了。

谈到剩余物资，那时俄勒冈大学正在建造一个科学楼，物理系将要搬入，于是就产生一个如何处理原有的大批战后剩余物资电子器材的问题。他们决定挖一个大坑把它们埋掉。我当时十分不解，问了负责人才知道，如果要对这些物资加以利用，则首先需要雇学生进行拆装、分类、检验等工作，而这样做法，所费资金是得不偿失，不如购买新的器材更为经济。

这是美国的国情，考虑任何问题，人力开支是首要的因素。

在俄勒冈大学教书期间，因为经常与研究生接触，了解到不少他们的疾苦。首先是他们获得博士学位是比由其他著名大学获得学位更为困难的。有一个研究生已在物理界最高水平的杂志发表过两篇论文，但还是没能毕业，我很为他不平，去问系主任，他说：我们大学获得授予博士学位的资格不久，必须慎重行事，不然监督博士生教育质量的美国大学联合会可能会要取消我们的授予资格。另外，那时获得资助也是比较困难的，我认识一个研究生就在拖车里开设一个食品小店来维持生活和学习。

我在奥立根大学教书期间，遇到一次原子能流动展览在那里举行。展览品原装载在一辆大型汽车上，然后布置到由大学提供的几间展览厅里，规模不是很大，有图片、相片和一些器件实物，也足以展示有关原子能的主要知识。他们的组织人员也就是车辆的驾驶员，请我和学校另外几位教师轮流担任讲解员，这个小规模的科普宣传工作也就以很少的投入完成了。当地群众来了不少参观的人，起到了普及科技知识的作用。

另外，我回到斯坦福大学微波与高能物理实验室之后，在加州贝克里大学任职的林君来访，他驾驶一辆装满光谱演示器件的中型卡车，原来他在该大学的任务就是协助附近的大学和研究所使用光谱设备进行实验研究或演示的。

从这两件事，都可看出美国对科技普及工作的重视。我国幅员辽阔，经济发展参差不等，对偏远的城镇，如有这样简易的“送货上门”的科普举措，费用不是很高，但对普及科学知识、提高文化水平，也许会有不小的帮助的。当然，在我国的情况下，可以组织城市中的科技人员，轮流下乡担任上述的讲解工作。这样，既可以提高农村的科技水平，又不会导致讲解人员与当前科技发展脱节。

我因为考虑离开俄勒冈州以后的工作，曾与位于东海岸的GE公司和IBM公司的科研部门洽谈参加工作的可能性。这两个单位都同意出资约我前往商谈，这样我就有了一个就业的机会，又可以趁着学校寒假，进行不需自己花钱的东方之游了。后来因为接到斯坦福大学微波与高能物理实验室约我前往任职的聘请，我就不再考虑到东方的工作了。

在东部与上述两个公司洽谈之后，我趁机到纽约一游，并在归途经过芝加哥时，在那里买了一辆九成新的小汽车，驾车返回尤金。全程约4000公里，因为学校开学在即，所以日夜兼程地赶路，回到尤金，左臂疼了好久，因为那时汽车还不是用尾灯表示转弯，而要把左臂伸到车窗外面示意才行。

这个行程使我对美国西北部几个州有了一个浮光掠影的印象。想不到有的地方还在使用银元硬币，而且冬天的气候是十分恶劣的。经过夜晚行车，第二天早晨发现水箱上血肉模糊，原来是夜间行车时小动物趋光碰撞的结果。有一夜路过一个小城，我把车在街上停好，到相离不远的旅馆就宿。夜间下雪，到早晨积雪超过尺厚，把路边排列的汽车埋得严严实实，我怎么也找不到自己的车了，最后还是请警察帮忙找到的。

说到汽车，使我想到在俄勒冈州教书时发生的一件事。一天早晨我驾车前往学校，在一个没有红绿灯的马路口与另一辆车相撞，原因是没有严格按照优先放行权的规定。好在双方车辆都没有很大的损伤，因此在交换了彼此的保险公司号码之后，很快就各自走开了。此人是大学里艺术系的教授，因为这件事我们彼此认识变成了朋友，后来他请我到他的工作室参观他的作品等。可见有保险公司承担经济损失的赔偿，减少了个人之间的许多利害冲突，对社会和谐是有所促进的。

提到有关汽车的事，使我对美国社会风气的变化颇有今昔之感。我在斯坦福大学读书时期，因为研究生宿舍在 Menlo Park，离校园有一定距离，自己没有汽车的同学，在校门前排队搭乘便车就可以回到宿舍，很是方便。一般行人也都可站在公路旁伸出大拇指，表示要求搭便车，很快便会有过路车辆停下来让你搭乘。这种情形名为“hitch hike”。有的同学告诉我他就曾用此方式从西海岸到东海岸做了一次旅游。这种情形近年是很不容易见到了，因为很多开车人被搭车人抢劫，也就心存顾虑，不愿停车了。今昔对比，真使人想到“人心不古”这句老话了。

当然，凡事不能一概而论。就以美国人的助人为乐的精神来说，我在20世纪80年代有了一次新的体会。那时我因事赴美，友人姚君约我由斯坦福到旧金山一游。但在路上，他的“老爷车”却因水箱漏水而抛锚了。我们停在车如穿梭的高速公路旁，一筹莫展，只能伸手求援。隔了一会，有一位车主不顾在高速公路上停车的困难，紧急刹车前来帮助。得知问题所在后，他又开车走了很远，找到公路的出口，在一个加油站买了塑料筒，装满了水，再由我们抛锚处后面的一个公路入口，回到公路上交给我们，使我们摆脱了困境。这种不惜时间、不嫌麻烦，自己破费，助人为乐的精神，使我们印象深刻，非常感动。

三、重返斯坦福大学微波与高能物理实验室

1952年夏末，我应邀重返斯坦福大学的微波与高能物理实验室。在那里我前后担任微波实验课的助教，整理汉森教授在麻省理工学院讲课的讲稿，并参与了巴伯（W. C. Barber）教授领导的使用电子直线加速器进行各种气体的比电离率测定的实验。

1. 各种气体比电离率的测定实验

这是我第一次直接接触到加速器在基础研究方面的应用，它属于带电粒子与物质相互作用的范畴。实验中使用经过能量分析的电子束流通过装有不同气体的电离室，来测量每个电子在每厘米距离中产生的离子对的数目。这是一个相对简单的实验工作，但我却从中学到了不少关于加速器和核物理的实际知识。

这个能量约为30MeV的加速器就放在学生的微波课实验室旁，虽然在加速器周围有一些铅砖及水泥块等屏蔽措施，但我仍然怀疑辐射水平是否偏高，隔壁房间是否适宜作为实验室之用。当时加速器工作者对辐射防护的注意是很不够的，尽管那时正在进行1GeV电子直线加速器的建造，但在实验室里却没有专门负责辐射方面的人员。

这个加速器的触发系统使用的是火花球开关，工作起来噪声很大，电磁干扰也很大，还产生大量的臭氧，这就增加了另一个对人体有害的因素。近年火花球开关已被淘汰，而由小巧安静的大功率闸流管代替了。

2. 初识潘诺夫斯基教授

潘诺夫斯基教授（W. K. H. Panofsky）与我的交谊有一段很长的历史。在1952年夏他由原来工作多年的加州大学伯克利分校物理系来到斯坦福大学物理系微波实验室，我也是同年在俄勒冈大学教书一年之后又应邀回到这个实验室的，因此得以相识。他在伯克利主要的工作是协助阿里法瑞兹教授（Luis W. Alvarez，1968年诺贝尔物理学奖获得者）进行世界上第一台32MeV质子直线加速器的研制。在那个时期，美国有一个恶名彰著的极右的麦卡锡参议员，他站在极端反动的立场上，提出要每个政府雇员必须做“忠诚”宣誓，誓言中表明他的政治立场和信仰。这个侵犯

2002 年与美国斯坦福直线加速器中心前所长
潘诺夫斯基教授在北京大觉寺

个人隐私的要求在美议院通过后，掀起了社会上反对的轩然大波，但也只能依法执行。因此，在州立的加州大学伯克利分校的几位教授，也包括潘诺夫斯基，就都以辞职来表示抗议。因为斯坦福大学是私立的，不要求“忠诚”宣誓，所以潘便来到斯坦福大学的微波实验室工作了。

潘的才能是多方面的，他前后发明了新型的四极磁铁、提出了射频分离器概念和关于尾场的 Panofsky-Wenzel 定理。初来时他主要从事物理实验研究。那时微波实验室的设计能量为 1GeV 的电子直线加速器基本建成，霍夫斯塔德（R. Hofstadter）教授就是使用这台加速器进行核子散射来研究核子结构这个后来使他得到 1961 年诺贝尔物理学奖的实验的。关于潘有一个传说的故事，就是潘来后凡事喜欢自己动手，一天他正在用吊车吊置屏蔽辐射用的水泥块时，有人告诉他一个探测器中的电子学线路出了毛病，不能工作，他连看也没看就告诉那人把某个电阻阻值改变一下就行了。那人一试，果然仪器可以正常地工作了。因此，他的解决实际问题的能力给实验室里的同事们留下很深的印象。

不但是实验，在理论上潘也非常精通，他带领名为飞利浦斯（M. Phillips）的助手在 1955 年写了一本电磁学，强调实用，颇多独到之处。他的博士学位是在加州理工学院获得的，所以我们也是前后同学。一次我们谈起那里的出名的难课——史迈斯（W. R. Smythe）教授的“静电与动电”的习题，史声称他书中有些题目只要加以发挥、补充就可当做论文发表。但潘告诉我他把那本书中所有的题目都做出来了，这是远非一般学生所能做到的，说明了他的水平和勤奋。也许因为他是非常突出的学生，所以得到在加州理工学院任教的法裔著名光谱学专家杜·蒙（Du Mont）教授的女儿阿德利（Adele）的青睐，并嫁给了他。

在1976年国门刚刚开放之际，他那时任斯坦福直线加速器中心所长、并曾任美国总统科学顾问，他初次访华来到北京，高能所在北京饭店组织了一个座谈会。我在报告厅门前迎接他，他与我见面的第一句话就是“我很高兴地告诉你，你在芝加哥建造的加速器仍在运转”（关于我在芝加哥建造加速器事，详见本书第六章）。在1979年，我们开展高能加速器研制的初期，在芝加哥费米国家实验室深化设计，我有机会重访我做的那台加速器，时隔23年，它仍在运转之中，这些年中不知治疗了多少患者。想到自己的工作能造福人类，我感到很大的欣慰。

在我担任北京正负电子对撞机工程经理时，有一次在北京召开中美高能物理联合委员会，美方五大国家实验室的领导都来了，但因高空气流和其他原因，飞机迟到了几个小时。等到大家在北京饭店安顿下来，已是午夜两点多钟了，而第二天清晨就要开会。考虑到大家不要过于劳顿，因此我提出明天开会推迟一个小时，但潘马上表示反对，他说“工作是第一位的，休息是第二位的”。为我国的建器工作和发展科学，他能这样忘我地投入，让我深为感动。

潘的治学领域是十分广阔的，他是实验核物理学家、加速器专家，同时也是核裁军专家。虽然已届高龄（他较我年长一岁），但还是为人类和平、进步事业奔走不停。由于他对我国科学事业的贡献和他在国际学术界的崇高地位，中国科学院于2002年选他为外籍院士，得到参选院士的一致通过。后在友谊宾馆特别由陈竺副院长出席，为他举行了庆祝典礼，我也有幸被邀参加。这当然是他完全应该得到的荣誉。事实上，我深知他是一个不计个人名利得失的人。在他任斯坦福直线加速器中心所长期间，该实验室前后出现了四个诺贝尔奖得主，工作中多有他的贡献。我在去那里的多次访问中，就有不止一位科学家朋友和我说，他是应该得到这个诺贝尔奖的荣誉的。

3. 高能电子束的医学应用

就在我回到斯坦福大约半年后，有一天芝加哥麦卡瑞斯医学中心(Michael Reese Medical Center)的肿瘤专家乌卢曼（E. M. Uhlmann）教授来到实验室，提出要求请斯坦福帮助他研制一台能产生高能电子束用来治疗肿瘤的加速器。此时的时代背景是：在医学界，自从法国居里夫人首先用放射性元素的射线治疗肿瘤，开辟了放疗这个后来与手术、化疗鼎足而三的治疗方法以来，使用加速器产生的射线进行放疗，得到了很快的发展，使癌症患者的五年生存率明显上升。因为放射性元素产生的杀伤力特异性不高，而人们希望辐射的杀伤作用仅限于肿瘤局部，所以，辐射主要限制在一个固定方向的X射线机发明之后，立即被用做辐照治疗肿瘤之用。但X射线管使用的电压很低（约在200kV)，而能量低的X射线很容易被人体表面组织所吸收，体内肿瘤部位吸收的剂量反而不高。为了改进这个情况，在20世纪50年代初就有人研究使用加速器产生高能量的电子，用它打靶产生高能量的X射线，以避免皮肤的过度损伤。1951年斯坦福大学医学院的凯普兰（Kaplan）教授找到微波实验室主任金兹顿教授，讨论使用电子直线加速器产生X射线的可行性。金带领布朗教授等二四人，开始研制一台能量为6MeV的医用电子直线加速器产生X射线，在1954成功地投入临床使用，使肿瘤的放射治疗向前迈进了一大步，代替了当时使用的其他手段，如低能量X射线、钴^{60}放射源、静电加速器等。

但是，X射线的能量提高了，虽然表层组织损伤得到缓解，但因它的穿透力很强，会引起肿瘤位置后面的组织的损伤，所以，为了进一步减少在辐照过程中对正常组织的破坏，有人想到不用X射线而用电子束进行辐照，因不同能量的电子有固定的射程，这样就可以避免肿瘤后面的正常组织的损害了。

虽然使用电子束治癌的优越性在道理上是很明显的，但实现起来却远非易事。乌卢曼大夫长期以来就在推动这个想法的实现。来到斯坦福大学微波与高能物理实验室以前，他一直委托西北大学物理系（发明电子感应加速器的科斯特教授即在该校工作）考虑使用电子感应加速器进行此项工作。事实上已做出了一尺余厚的设计图纸，但由于电子感应加速器中电子束流的引出存在很大的困难，无法满足临床安全应用的需要而不得不被放弃。

科学技术是不断发展的，今天人们发现使用重离子加速器加速重离子，打入人体治疗肿瘤，其剂量可以较多地集中在肿瘤部位，应该说是更好的办法。这种重离子高能加速器虽已在日本及美国建立，但因建造费用过高，所以至今在世界各国普遍应用的仍然是电子直线加速器产生的X射线或电子束，全世界有7500台以上，我国也有约500台在运行，其中约有半数是国内研制的。

为了这个工作，乌卢曼筹集了100万美元的经费，他听说斯坦福大学金兹顿教授正在领导研制一台能量为6MeV的医用电子直线加速器，使用X射线治疗肿瘤，因此，就希望金兹顿能帮助研制更高能量的使用电子束的加速器，把能量提高到45MeV左右，这样电子束流就可以射入到人体任何部位，治疗那里的肿瘤了。

第六章　研制世界上第一个使用高能电子束治癌的加速器

一、背景情况

此时斯坦福大学微波实验室正在十分紧张地进行 1GeV 电子直线加速器的建造，原来负责研制加速器几个主要系统的人员显然是不能离开的，而我正好刚由奥立根大学教书回来，因此，实验室领导就希望我能前往负责此项工作。征求我的意见时，我觉得这是独当一面、锻炼自己的绝好机会，也就毫不迟疑地同意了。

但要实现这个目标，对于必须进行的工作内容和性质，我当时并没有确切的概念，以为加速器的关键部件就是加速管和速调管，而斯坦福大学

1955 年在美国芝加哥研制的加速器控制台前

（左站立者杜普赖克斯，右站立者卢顿）

1955 年在美国芝加哥研制的 45MeV 电子直线加速器局部

答应提供一根加速管和一个速调管的部件，不就应该没有什么大的问题了吗？事实上却远非如此。就以加速器中使用的速调管而言，那时的发展状况需要连续排气，如在斯坦福大学将管子激活，则它必须不间断地维持高真空状态，庞大的速调管和真空系统是难以从斯坦福空运或陆运到芝加哥的。

1978年谢家麟在美国芝加哥重访他于1955 年研制成功的加速器，与当时负责人 Ovadia 博士（右）合影

因此只能把管子的部件运到芝加哥再进行组装、排气、烘烤、激活、老化等过程，才能投入使用。其他许许多多的部件，也都有各自的技术要求，需要实验室和工厂的配合，而我赤手空拳，又怎能推动这么多工作呢？后来我们找到一个名为海仑科迪斯（Helen Curtis）的化妆品工厂，它的机修车间有一位机械工程师及四名技工，可以承担加工任务，但他们却从未接触过加速器和真空方面的工作。我登报招聘了一名助手，他当过美军的雷达兵，但也没有接触过

有关加速器的业务。我到了芝加哥了解这些具体情况之后，才开始体会到这项任务包括的多种类型的科技工作，凭那里的条件和我自己的知识和经验都是很难胜任的。但木已成舟，我已到了芝加哥，也就只好勉为其难，边干边学，尽力以赴了。

二、无例可循，自辟蹊径

关于我所面对的有待解决的问题：首先要把速调管由部件装成总体，稳定地产生额定的功率；要自制斯坦福未能提供的或市场上不能买到的部件，组装成加速器整体并调正出束，达到设计能量；然后要自行采取措施把由加速器引出的电子束的尺寸由几个毫米均匀地扩展到约 20 厘米，来满足对肿瘤照射的需要，而且照射区域中电子束强度要均匀一致地分布；产生的束流要能左右旋转，从不同方向进入人体；要掌握不同能量下辐照的剂量和辐射在人体内的分布；要对辐照区快、慢中子通量进行绝对值测定，以保证病人的安全；要把加速器的稳定度由实验室的要求提高到医用的水平等。这些问题涉及多种科技领域，有的需要特殊的技术，有的是无例可循的科研课题，需要自辟蹊径，研究解决。这些题目也都是我替自己出的，因为我知道这些问题必须解决，才能敢于把高能电子束射入人体内部。

这时还有另外一个情况，就是使用高能电子束代替高能 X 射线是当时治疗肿瘤的新方向，芝加哥大学医学院也决定进行这个新领域的研究。他们请了西北大学物理系几位教授主持此事，加速器由国际上著名的高压工程公司（High Voltage Engineering Corporation，HVEC）承担研制。他们使用的大功率速调管是在麻省的公司本部组装激活后，用一个改装了的带有发电设备的大型运货车运到芝加哥的。他们投入的科研与技术的实力无疑是十分雄厚的，而我们只有区区几个人，其中只有我一人稍微接触过加速器，其余的人都不知何谓加速器，这样的一个弱势班子与他们相比，真是有天渊之别。为了争取首先突破这个新领域，两家又在无形中形成了竞争的局面。我的性格是倔强而不服输的，因此尽管条件不利，我还是勇敢地应战。不过，为了赢得时间，许多新的设想也就不能按部就班地经过预研再行制造了。

虽然如此，我们还是赢得了最后的胜利，首先创造了世界第一的记录。谈到这个奇迹般的成就，我要特别感谢海仑科迪斯（Helen Curtis）

化妆品公司的那位机械工程师卢顿（C. L. Lootens）先生，他有十分丰富的经验、极高的效率和极大的干劲，能把我的设计思想迅速变成实物。另外我也非常感谢我登报招聘的助手杜普赖克斯（John Duplex），他虽然没受过高等教育，只在军队中受到过使用雷达等电子器件的训练，但他很快地适应了工作的多样性的要求。另外，对我的工作起了很大帮助的是芝加哥大学核子物理研究所加速器部的几位工程技术人员。该所有两台当时的高能加速器，一台是450MeV的质子稳相加速器，另一台是100MeV的电子感应加速器。经过那时正在芝加哥大学物理系读博士学位的燕京同学肖济安的介绍，我认识了加速器部的几位工程技术人员，他们把我看成同行而处处帮忙。那时质谱探漏仪是非常贵重的仪器，尽管芝加哥大学核子研究所的规模相当宏大，实验室中也只有一台质谱探漏仪，而我则只有一台简单的氟利昂探漏器（Freon detector）可用。遇到小漏而无法检出时，我就要开车到芝加哥大学的核物理研究所借用质谱探漏仪，他们总是将质谱探漏仪慷慨地借我使用；在我使用活化法测量中子绝对通量时，一些稀有金属（如铑、铍、镉等）箔片也都是由他们提供的。测量微电流的静电计管（electrometer tube）也都无偿赠我。他们的帮助大大加快了我们的进度，结果在1955年夏，在我开展这项工作两年以后，率先建成了当时世界上唯一的使用高能电子束治癌的加速器，并应用于患者的治疗。在即将投入使用的阶段，有一个名叫赫西的医生朋友，常常半开玩笑地问我：你睡眠好吗？你知道我们美国病人是喜欢告状的。现在回想起来，我那时也确实是有些莽撞了。

三、克服困难险阻，享受成功喜悦

那么从技术的角度，上面提出的一些困难和意想不到的问题又是如何解决的呢？首先遇到的问题是在总装之后，速调管只能产生微不足道的功率。我请斯坦福实验室一位加速器专家来看，也未能找到原因。最后还是我再三检查，发现速调管的几个聚焦线圈之一的电源方向有误，因此聚焦磁场与设计值不合而破坏了束流的运动状态。把接线改过，当即产生了很大的微波功率。这是一件简单的小事，但在人多手杂的具体工作中却是难以避免的。另外一个问题是，按照斯坦福实验室的做法，加速管末端要有一个终端负载，来吸收剩余的微波功率，避免引起反射。但这个元件，斯坦福因无备件而不能供应，一时又找不到厂家能够提供，自制又要耽搁进度，加速器总装无法进行，工程被迫停顿。我只好从理论上分析如果不用负载而让电磁波在终端反射时，对电子运动会有什么样的影响呢？分析结果是没有明显的影响。所以我就改变了常规电子直线加速器的工作模式，允许在末端不用终端负载，而使用短路任其反射了。再者，45MeV 这样高能量的加速器，加速管必须水平放置，为了将电子束射入平卧的患者体内，必须把电子束的运动方向由水平改为垂直，同时为了照射不同大小的肿瘤，需要把电子束流的截面尺寸均匀地加以扩大，即把加速器出口处直径为几个毫米的束流截面均匀地扩大几十倍。此外还需要改变射入人体的方向。我采取的方法是：利用电子通过物质产生的散射来扩大入射束流截面，用极头可变的磁场产生双向可调的照射面积，通过磁铁系统可以围绕加速管轴线旋转来改变入射方向。使用这三个综合措施，我们圆满地解决了这些困难。细节这里就不拟详述了。

医用加速器必须考虑辐照剂量的问题，即每次应该把多少电子射入人体，这显然在临床上是非常关键的，而且也是一个物理与医学的边缘课题。这任务责无旁贷地落到我这个研制加速器人的身上。我意识到我们必须进行生物试验来解决这个问题。于是我从纽约一个实验动物公司订购了 200 只纯种小鼠进行了 50％致死剂量的实验，来确定用多大剂量照射后有一半小鼠死亡。再根据这个数据来确定患者每次辐照可以接受的安全剂量。虽然我们是外行，但这实验还是比较简单的，即先做一个装置，用一个实心的有机玻璃圆柱体来模拟人体，在周围均匀地打了 20 个圆柱形横洞，每个洞内塞进一只小鼠，使电子束从上面射到小鼠身上 。由小马达带动圆柱体沿轴线旋转，使这些小鼠轮流经过辐照场，依次接受均匀的全身辐照。

为了明确电子束在人体内产生的剂量分布，我们使用 X 射线胶片垂直地放在水箱内，用水来代替人体，再根据胶片经过照射、显影后，用黑度计测量出变黑的程度，来进行剂量分布的模拟。但就是这么简单的问题，也是在显影池中加了恒温装置以后才保证了实验的重复性。

医用加速器与一般实验室使用的加速器的不同，在于它的剂量率和累积剂量都必须是十分稳定可靠的。但它的电源是市电系统，电压难免随时波动，这就成了棘手的问题。这时我正好收到加州大学劳伦斯国家辐射实验室给我寄来的资料，在其中见到他们在加速器供电系统中使用电动机-发电机组合供电的办法，来改进电压的稳定度。于是我便把由电网直接供电改为用电动机带动发电机来供电，大大改进了束流的稳定性。

就在我们紧张地进行实验的过程中，一件意外的事件发生了。调制器里面的一个GE公司出品的高压电容器发生了击穿。我当即用电话与GE公司联系，但他们在芝加哥没有现货，答应我马上用Telex（一种类似传真的通信系统）与全国库房联系，结果发现南方某地有货，于是做了安排，告我第二天早晨可派车到机场取货。这样，这次意外的击穿事故，只耽搁了两天就圆满地解决了。他们供货系统的高效率给我以十分深刻的印象。

在使用高能电子束治疗肿瘤时，加速器附近不可避免地总会有些杂散辐射的存在，因为当高能电子碰到任何物质时，首先会产生伽马射线，它与原子核反应会产生中子，同时中子也会将物质活化，成为不同强度、能量、半衰期的辐射源，此外还有其他产生辐射的一些过程。所以当使用高能电子射入人体治疗肿瘤时，必须保证患者受到的其他杂散辐射剂量远小于电子束治疗剂量。但其他辐射的本底究竟有多大？则又是关系患者安全的大问题，是在临床实用前必须解决的。

但是，我们无法从市场上得到测量这个混合辐射场的仪器，为此，我设计了一系列核物理实验，来测量在混合辐射场中成分的组成和强度。其中以γ射线的强度最大，其次是快、慢中子，再次是被中子活化的物质的辐射。测量方法比较复杂、专业，我曾发表过一篇专门讨论的学术论文(Brit. J. Radiology，1956)，这里就不再解释了。

现在回想起来，承担了这件棘手工作，使我得以从头到尾亲自解决电子直线加速器的研制和应用的全部过程中出现的问题，积累了实际的经验，因为很多问题自己原来并不熟悉，也让我建立了不懂可以学懂的自学信心，并懂得了培养年轻人要委以重任的“压担子”的道理。这也为后面将要谈到的回到国内能在一穷二白的困难条件下，自力更生地建成一台可向高能发展的30MeV电子直线加速器，提供了必要的信心和经验。

这台当时世界上唯一的使用高能电子束治癌装置的研制成功，也引起芝加哥舆论界的注意，在当地日报上曾有大篇幅的报道。说来也是十分巧合，就在1955年初这台装置研制成功，并对一位患者临床使用后不久，我就接到美国移民局来信，要我在做永久居民和限期离境之间做出抉择，我当然毫不迟疑地作了尽早回国的决定。

此前的两年，我孤军奋战，日夜忙碌，的确太紧张了，竟没能把我在芝加哥的进展情况向当初推荐我负责此事的金兹顿教授汇报，直到 20 世纪 80 年代我国对外门户开放之后，我才把关于这项工作的主要材料寄给他，而这已是几十年前的历史文献了，不情之处，思之歉歉。

因我仓促得知可以回国的信息，且归心似箭，没有来得及整理在专业杂志上发表前述工作的全面内容，所以在美国有些文献上，只认为在 1954 年用 6MeV 电子直线加速器产生的 X 射线治疗一个幼童的卡普兰教授（Henry Kaplan），是使用电子直线加速器治疗癌症的创始人，却忽略了使用更高能量的电子束治疗癌症的这段历史。

第七章 白日放歌须纵酒，青春作伴好还乡

一、再次踏上归途

1955 年 7 月初，我终于再次踏上回国的旅途。四年的羁留，一朝得到解放的欣慰，心情振奋，可以想见。但好事多磨，就在我得意之余，因为一件个人事情，又引起意外的干扰和阻挠，过程复杂，无关科技，这里不行详述。在我最后平安地回到北京之后，因中美隔离多年，人民希望了解美国的情况，《人民日报》的主编要我写一篇介绍当前美国社会情况的文章。一般说来，在美生活、工作了八年之久，应该对那个社会有些了解，可是实际上，我们这些人接触到的，除了大学就是科研单位，对社会的了解可说是“以管窥豹，只见一斑”，可能是很片面的。但我还是勉为其难，写了一篇《我所见到的美国》，登载在 1956 年 9 月的《人民日报》。下面是我当时的一些观感和印象的部分内容。迄今又过了 50 多年，美国

1955 年回国之初谢家麟与分别八年的妻子绪锇及儿子亚宁

1973 年与妻子、儿女在颐和园郊游

社会风云变化，与我那时的印象已是大不相同了。这里就作为历史文献来看吧。

留美见闻

我所见到的美国

(1956.09.07)

一个人对自己祖国以外的国家的认识，一般说来是很难全面的。因为他的见闻，常常为他在那个国家内生活的圈子所限。因此，下面谈的一些个人的印象，局限性是在所难免的。说到印象，不但有地方性，而且也有着时间性。换句话说，从表面第一次观察事物与经过长期体会所得的印象，往往是截然不同的。我在 1947 年初到美国时，国内正是国民党政权崩溃前夕，经济极端紊乱，民不聊生的时候，而美国则由于过去战时工作人员加班加点的关系，一般人民手里还比较宽裕，市场上呈现着表面的繁荣。看到满街道的汽车，五颜六色的住宅，百货公司拥挤的顾客，不由感到他们经济上的稳定和丰裕。但是居留 8 载之后，对美国社会的诸多问题才逐渐有所体会。这里就简要地谈些我的一些感受。

种族歧视

美国的社会问题很多，而其中种族歧视已是发展到愈来愈严重的程度。美国，尤其是在几个大城市里，人种是十分复杂的。在这些不同的人种之间，有色人种受着不同程度的歧视。在这被歧视的阶层中黑人是压在最下面、最受凌辱的了。由于黑人争取自己尊严与平等的努力日益增大，这个问题已经差不多到了要爆发的程度。有些美国人认为，“对黑人的歧视，是美国最大的耻辱”。看过纽约、芝加哥等地黑人区的人，谁能不同意这句话呢？南方的情形当然更不用说了。黑人居住的房子，窗玻璃照例是用报纸或木板代替的。一大家人，往往只住在一两间房子里。建筑物照例是市区中最陈旧古老的，而房租却出奇地昂贵。我曾经看到过一家黑人（夫妻和两个小孩）因为租不起房子，全家住在一辆破汽车里。白人雇用黑人做工，如果家里丢了东西或出了什么事，警察首先便要折磨这个黑人，就像他是天生的贼骨头似的。

他们的种种遭遇，真是说不胜说。一位黑人在申诉他们所受的一些歧视之后，曾沉痛地向我说："我（黑人）做了什么罪恶应该受这个折磨呢?"黑人的文化水平一般较低，因为他们根本得不到受高等教育的机会。许多大学在以前是公开不收黑人的，近来也不过收几个黑人表示开明而已。尤其是医学院，黑人与犹太学生的人数，是有严格的"定额"的。除了黑人以外，东方人便算是被歧视的对象了。在美国住过的中国人，很少没有经历过找房子时遇到的不快。明明报上登着空房招租的广告，但当房东开门看到中国人时，往往回答是这房子"方才租出去"了。教授在美国是受尊敬的头衔，但是一个中国教授想住在较好的住宅区也有相当大的困难。

自由发展

由于美国政治是被资本家在幕后操纵，而任何经济上的计划与限制，总会影响到某些资本集团的利益，因此，"自由发展"便成了美国社会的一个特征，虽然这个"自由发展"有时会发展到离奇古怪的程度。我自己见到的一个例子，就是1953年我在芝加哥负责一件特殊的加速器的设计与制造工作，这是为一民间医学研究机构做的。尽管这种加速器的成效在当时还不能十分肯定，而且要耗费近百万美元的费用，然而同时，美国原子能委员会却在芝加哥大学请了几位教授开始了同样的工作。如果这个试验的效果很成功，那么这两个费用庞大而且是美国仅有的加速器是不应该集中在一个城市的。如果不成功，更没有理由浪费。在美国一般却没有这种想法，自由竞争是天经地义的事，私人和私人在竞争，民间团体和政府机构在竞争，政府各部门也在彼此竞争，这就造成了美国社会的许多混乱现象。这种社会制度下经济的混乱情况与社会主义制度下计划经济的优越性，很显然是不能相比的。美国大学的研究工作，绝大多数是受政府部门或工业单位委托进行的，主要是一些具有实用目的的题目。因此，美国科学的"实用研究"与"基础研究"的比例，大大失去了平衡。这个问题曾为有远见的科学家们一再地提起，然而在"自由发展"的前提下，也难有解决的办法。这可以说是美国科学远景的一朵乌云。另一件对于美国科学更为暗淡的事实，就是科学人才的缺乏。美国培养理工科系毕业生的速率已被苏联超过，这是大家所熟知的事。通过美元的诱惑，美国曾从其他资本主义国家掠夺了一些有造诣的科学家。然而数量有限，同时也引起别国科学界的极大不满。美国读书与生活费用极高，一般经济条件的学生要坚持受完研究院的教育，是需要相当的毅力与挣扎的。这情形尤以结了婚的研究生为甚。我在俄勒冈大学物理系教书的时候，一个成绩很好的研究生，就因为经济困难最后终于放弃了研究工作。

忠诚宣誓

美国是世界上科技领域非常发达的国家，表面上非常推崇人民的自由民主。但在麦卡锡时代，对政治观点比较开明的人民的迫害，却是与它宣传的宗旨背道而驰的。

著名的物理学家奥本海姆就因为太太与兄弟是共产党员，同时他在某个时期一度不赞成氢弹的研究而被原子能委员会辞退了。标准局局长、物理学家康顿，也因为得罪了政客而离职。加利福尼亚州理工学院的鲍令教授，是不许到欧洲去开会或讲学的。爱因斯坦若不是世界的权威，反动派有所顾忌，按他对“忠诚宣誓”所发表的反对的意见，也早该被非美活动委员会戴上“红帽子”了。“忠诚宣誓”的实施可以说是对美国挂羊头卖狗肉的“自由”的最大讽刺。宪法上明明规定人民有政治的自由，但是你若在某些州立的政府机关工作，就必须在“忠诚宣誓”上签字声明是否是共产党员。是共产党当然要丢掉工作。坚持政治自由的原则而拒绝签字的一般人民，也是同样地要被解职。若不暴露党员的身份，则一旦查出来又要被加以严重的宣“假誓”的罪。由于拒绝在这个剥夺人民政治自由的“忠诚宣誓”上签名，许多在州立大学工作的教授们失掉了饭碗。其实，不但科学家现在受到迫害，就是对科技本身，美国的资本主义社会制度也早已从资本主义发展初期对科学的推进变为阻碍。五彩电视在美国虽然还没有研究到十分完善，然而已经是早可以“问世”了。工厂老板迟迟不大量生产的原因，是他们在黑白电视方面的投资还没有完全收回，要等到更多的人买了黑白电视机之后，他们再推销五彩电视机，那时候可以强迫人民再换一次机器，这样他们可以多赚一笔钱。工业生产的自动化，随着电子技术的发展，美国原也有条件大力推广的，迄今举步不前的原因，由报纸杂志上的讨论可以看出，是发生了“自动化以后，失业问题怎能避免？生产过剩会不会引起经济危机?”这类问题。如前面所说，美国资本主义是一个经济上极不稳定的制度，现在科学的进步已到了与那个制度不相容的时候了。

美国人民爱好和平

在美国羁留了8年之后，总结一下这些年所得的印象，就是觉得美国社会在资本家控制之下，不但人民在政治上没有自由，经济上没有保障，而更甚的是即便在思想上，也受着资本家掌握的宣传机构的麻醉与毒害，因而像末日来临似的找寻着刺激，盲目地追求着享受。然而，尽管美国社会存在着这些缺点，我却不能不承认美国人民的许多好处。按个人的体会，美国人民是强烈地爱好和平的。在这8年里我还没有碰到一个美国人谈起战争不表示极端厌恶的。美国人民也是富于热情与同情心的人道主义者。记得1949年在西部，一个穷工人的孩子滑到了很深的废弃的矿坑里。小孩在坑底呻吟呼救，于是，不但附近居民都来参加了挖掘营救的工作，而且从报纸与无线电得知这个消息后，一些挖矿专家、工程师们带着挖土机等也都自发地从外埠赶来参加工作，日夜不断地挖掘。从这些人为了救人的自发的忘我的劳动，都可以看出他们的人道主义精神。另外，美国人的一个特征就是做起事来速度快，效率高，这是以各种形式表现在各个方面的。我个人体会最深的例子，就是在芝加哥做加速器工作时，当地买不到的急需器材，只要头一天通知工厂的售货代理人，往往在第二天就可以从东、西海岸的仓库或工厂里运来交货。一般业务都可用电话解决，“公文”是被减少到最低的限度了。同时，由于日常生活对电器、机械等接触很多，美国年青的科技工作者似乎更富于创造性，并有独立工作的能力和自己动手解决问题的本领。

民主的力量在生长中

最后，我愿意指出，美国人民是具有争取民主斗争的光荣传统的，尽管目前美国的统治集团，用了种种方法，蒙蔽了人民的眼睛，麻醉了人民的判断，但是民主、和平的力量，在美国仍是在不断地生长之中。黑人争取自己应有的权利的运动、进步党的诞生、美国人民对侵朝战争的反对、对世界保卫和平大会签名运动的响应等，都明白地表示美国人民的觉悟正在日益提高。而相反的，现在的统治集团在国际的问题上，到处遭受白眼；在国内的矛盾上，捉襟见肘，穷于应付。我们有充分的理由相信，真正民主自由的美国的出现，不会是太遥远的事。

这篇文章是50多年前写的，它基本代表了我在美滞留八年之后对美国的观感和认识。现在50多年过去了，我看到有些观感还是正确的，但有些情况，经过50多年的沧桑，已是大不相同了。美国社会已有了很大的进步与变化，与我在50多年前的印象有很大的不同。这里仅就种族歧视为例，以前的大学、研究所中基本看不到黑人的影子，但现在就是最著名的大学，也随处可见黑人学生，并且在录取的分数标准上予以优待。而多数科研单位，都特别声明要照顾少数民族（主要指黑人等）平等就业的机会。仅从这个角度来看，也可说明在现今世界上民主、自由、平等这些合理的发展趋势是无人可以阻挡的。

说到美国人民，他们的守法精神给我的印象是十分深刻的。这里只简单举两个例子。一次是在芝加哥费米国家实验室访问时，所长威尔逊请钟辉（时任我所党委书记）和我到他家参加晚宴后送我俩回到住处，途经铁路与公路的交叉路口。此时已值深夜，而且地处开阔的旷野，左右可以看到极远，根本没有火车的踪影，但他还是把车停下，然后再行启动。就是因为路旁有一“停车”（stop）的路标。另外一件事就是亲戚带着孩子请我去纽约摩天大楼参观。入口处有一个区分儿童票和成人票的体高标记。这个孩子的体高正好与标记相齐，但他还是坚持要买成人票，说不然就违背法律了。我想这是学校的遵法教育的结果。

二、回国初期的一些学术活动

刚刚回到北京，要认识离开八年之后的新中国的社会各个方面的生活还是有一定过程的。在学术活动方面，在 1956 年有北京大学、南开大学、邮电学院等单位请我去做学术演讲，内容是微波电子学和加速器等方面。因为那时微波很时兴，而加速器却很少有人熟悉，所以我主要介绍微波的发展情况。在这些学校遇到不少熟识的或新结识的科技人员。特别是在南开大学，遇见了我在燕京大学读书时的同班同学赵景源和物理学界的老前辈胡刚复先生。这时胡先生已届高年，但我每次演讲他必要到场，而且十分认真地与我讨论盘荷波导中通带与禁带的问题，他对科学的兴趣与钻研的精神，给我留下了深刻的印象，使我很是感动。

在 1956～1957 年，除了在研究室里工作外，我还应邀在清华大学工程物理系讲授微波技术在加速器中的应用，当初听课的同学现在也大都退休了，但他们代代传承，在电子直线加速器的医疗应用、探伤应用、集装箱检测等方面取得了巨大的成绩。他们研制的设备行销多个国家，社会和经济效益都是有口皆碑的。此外，这个时期我还应顾德欢所长的邀请，在中国科学院电子学研究所（简称电子所）讲授速调管理论，后来讲稿由赵永翔（曾任电子所副所长，是加速器、电真空器件专家，曾在巴西主持该国同步辐射装置的研制，后转到美国斯坦福直线加速器中心及布鲁克海文国家实验室工作，今在美定居）整理补充，在 1966 年由科学出版社出版，名为“速调管群聚理论”。赵为此书的完成起了非常关键的作用。电子所现在已是我国电子学领域的权威单位，它研制成功了多种新型速调管，为国民经济和国防建设做出了重要的贡献。它的首任所长顾德欢，原是浙江省副省长，为了发展我国的电子学事业，他不惜以高位低就。为人平易近人，谦虚正派，对于不熟悉的业务就像小学生那样孜孜不倦地问个究竟。他已于 1993 年故去，这么好的干部，使我永远怀念。

如上所述，在这个时期，我除在原子能所工作外，还在清华大学和电子所兼职，这个在建国初期科技人员较少的情形下兼职的做法，中国科学院副院长张劲夫在一次报告会中曾加赞许、肯定。在我经历的科技领导干部中，张给我的印象是十分深刻的。记得一次他与我们新近回国的留学生座谈，他发言两个小时，不用稿子，谈话热情洋溢，雄辩务实，听了使人从心里信服，大大激发了我们的报国之心。

关于我回国后的工作安排，领导允许我自行选择单位。从业务角度，我当然选择了近代物理研究所（后于1958年改为原子能所，1973年改为高能所），到所报到之时，与一些高研见面，出乎意外地发现那里的高级科研人员中，朱洪元、肖健、黄武汉等人都是熟悉的老朋友，赵忠尧先生在美到斯坦福大学物理系参观时也曾晤面。当领导和我商量工作安排时，我表示愿意开展一个可向高能发展的电子直线加速器的研制。现在反思，当时这个愿望是完全没有考虑实际条件的。那时是在20世纪50年代新中国成立初期，国内的加速器发展的状况是在一穷二白的基础上刚刚迈步。赵忠尧教授由美国带回部分部件，率领叶铭汉（后任高能所所长，是我国实验物理奠基人之一）等同志，自力更生地正在研制我国第一台能量为2.5 MeV的质子静电加速器。1956年我国又由苏联引进了两台能量为25MeV的电子感应加速器，一台装在清华大学，一台装在北京大学。同时也引进了一台极面直径为1.2米的质子回旋加速器，建在原子能所。这些加速器为我国开展核物理研究奠定了基础，走出了重要的一步。但从加速器技术发展的角度看，静电加速器和回旋加速器主要发明于20世纪30年代，感应加速器发明于40年代，由于工作原理的限制，这些加速器的能量大都限于几十兆电子伏，即所谓低能加速器，而且研制的有关技术牵扯面也比较单纯。但我提出拟建的可向高能发展的电子直线加速器则完全不同了，它代表第二次世界大战以后微波技术的最高水平和一些最尖端的科技，1955年才发表了全面描述这种加速器的论文。虽然我们研制的初步目标定为30MeV，但它是模块式的，只要照样增加节数，能量就可按节数提高，可向高能发展，因此它事实上是一台高能加速器的预制。我国真正研制高能加速器始于80年代初期，而这台加速器于60年代中期建成，超前了20余年。

超前实现这台加速器的研制，并不是没有经过很大的艰难险阻就轻而易举成功，我们要克服的困难也不是一言两语能说得清楚的。举例来说，在我们自制世界功率最大一级的速调管时，需要使用氩弧焊这种特殊技术来密封高真空系统。但在新中国成立初期，是找不到掌握这种要求较高的焊接技术的工人的。幸好我自己动手做过这事，结果请来所里最好的焊工白师傅，由我手把手教他氩弧焊在此应用的操作要点，成功地解决了研制中的一个关键问题。后来贵阳某飞机制造厂需要使用这种焊接，便是把白师傅请去传授的。

但是，我回国后在安排实验室人员的工作时，发现这自己动手的作风实行起来也还是有阻力的。我因在美常常自己做焊接工作，回来展开研制业务时就要求在我实验室做有关工作的同志到工厂把氢气和氧气瓶借来使用，以便解决焊接问题，一位同志听说我要他学焊接工作，就大不以为然，说这是工人的工作，为什么让我们研究人员来做呢？可见当时我们国人对“士”的“尊严”的看法是非常根深蒂固的。“士”只能动脑，不能动手。这个思想与先进国家的科技人员的习惯、作风，是有很大的差距的。

在 1957 年，中国科学院调整全国科研院、所的布局，在兰州成立了兰州物理研究室，这是兰州近代物理研究所的前身。由杨澄中教授任室主任，率领 15 名研究人员前往。他以核物理专家的锐利眼光，选中了重离子这个重要的研究领域，为后来的发展明确了方向。但在迁往兰州之初，人员和器材都是由原子能所核物理室分出的。当时赵忠尧先生任室主任，李整武、梅镇岳和我任副主任。什么仪器设备应该分给兰州，什么应该留下，这是一个使人头疼的事。室里领导要我来主持这“分家”之事。兰州物理研究室当然希望在地域和经济上种种困难情况的制约下，尽可能多有点开展工作的物质条件。而留下的工作人员，也不愿把工作必需的仪器放手。当有异议发生时，我只好把坚持不放的人员提的理由说出来，结果当然是两边都不满意，说我不公。我本来可以把这事推掉的，但却自以为应该按理办事，主持公道，这是我不懂世故的一个明例。

1957 年反右运动开始。《人民日报》在 1957 年 6 月 8 日的社论上刊出了“这是为什么?”的社论，而此前的报纸上都是充斥了“知无不言，言无不尽，言者无罪，闻者足戒”的号召，这个引蛇出洞的自相矛盾的策略，曾使我和妻子异常困惑。到了 1958 年“大跃进”的时期，科技界纷纷响应号召，提出在各该领域的“跃进”计划。领导也派我到政协礼堂作报告，提出了我国发展高能电子直线加速器的“宏伟”的“超英赶美”的想法。此后有一次在位于坨里的原子能所二部开会，宋任穷同志时任二机部部长，他亲自参加了会议。在会议休息时间，他特别找我谈话，他说听说你在政协的报告不错，很有干劲。对于首长的鼓励，我却含糊、低调地回答，说些不合时宜的话，宋听后默然。于此可见，我这人是何等的不识时务、不善应答。

在1958年“大跃进”时代，我国由苏联引进第一座实验性重水反应堆和回旋加速器。正式移交生产典礼之后，《人民日报》发表了“大家来办原子能科学”的社论，发起了全国大办原子能之风。于是当时领导我们研究所的二机部就行动起来，要求各大省、市要设立机构，建立队伍，具体地就是要每个大省、市建立“一堆一器”，也就是一个反应堆，一个回旋加速器。并成立了几个工作组，由几位副部长带队到各省市，推动此事。时任二机部副部长的钱三强教授，带领由王承书、何泽慧、我和部里几位干部组成的工作组，到华中区上海、杭州、江西、天津等地进行推动工作。当然主要是由钱与有关省市领导商量、讨论组织、条件等问题，有时一直讨论到深夜，我们在旁看了，深深为他的勤奋、忘我的精神所感动。我们这些人却享受招待，陪同参观游览。杭州、庐山等地都去了。只有一次在江西，当地领导突然安排一个动员会要王承书先生和我去参加。到了会场，发现在一个庞大的体育馆内，坐满了几千名听众，主持人要我俩讲话。这实在出乎我们的意料，也不知讲些什么能满足听众的要求。王先生坚决不肯讲无准备的话，结果我只好把原子能知识科普一番，总算把这场面应付过去了。但关于“一堆一器”的主题，我却一字未提。因为这是当时狂热气氛下的产物，谁也知道那是行不通的。

若说回国参加工作后的最大体验是什么，我觉得就是要明确国情不同，而要相应调整自己的思想方式和工作方法。前面提到，在我回国到当时的近代物理研究所开始工作时，曾提出要把氢气瓶和氧气瓶搬到实验室来，以供随时自行焊接使用，并要建立玻璃缸钎焊装置。但当时就受到一位技术人员的抵制。后来我要求在实验室安装了几台机床，目的是供研究人员快速地加工他工作中需要的小部件，但结果发现也无人使用。本来在美国的实验室里，研究人员一般都习惯于自己动手做些小部件供实验的急需。就是需要工人帮助时，也是有所谓“信封背面的计算，火柴盒上的绘图”，用最快捷的方法来推动工作的进展。除了工厂的正式产品外，对于实验过程需要的部件，很少会首先绘出正式图纸交给工厂加工的。这些事都反映美国是更强调实验过程中的工作效率的。科技研究的工作方法与各国社会的历史发展背景有关，本不完全相同。中国科研人员从小缺少动手的条件，又有传统的“劳心者治人，劳力者治于人”的思想遗留，前面说的我受到的阻力就不足为奇了。后来我担任北京正负电子对撞机的工程经理时，参与合作的美国科学家建议设置一个“研究人员车间”（staff shop）时，我就没有接受这个建议。因为我回国工作几十年的经验告诉我，这样做脱离了中国的国情，研究人员一般不会使用机床，也不愿自己动手做些小的部件，如果成立了这个车间，其结果也必然是“劳而无功”的。

说到中、美学术界习惯之不同，我在美国康奈尔大学参观时有另一个显著的体会，就是在我参观他们的加速器设施之后，陪同我的物理系主任约我到他的办公室小坐谈谈，并有事相询。什么事呢？就是他接到中国几个大学由教授或系主任写的对拟到康奈尔大学学习或工作者的推荐信，信中当然对被推荐者赞誉有加，但他感到困难的是每封信都把对象写得如此之好，使他难以选择，因此要我看看这些信，帮他建议一下。我大致看了一下，真是感到琳琅满目，难定取舍。按照一般的习惯，推荐就是要美言，以望取得效果，赞誉之词，在所难免，但一味赞誉，尤其是过分的赞誉，而缺少提供具体事实的陈述，可能会使对方难以判断、抉择，以至有违介绍的初衷。

在我与国外实验室的交往中，一个突出的印象就是彼此实验室人员组成的不同。他们习于“精简”，而“人多热气大”则是我们的特色。

就加速器领域而言，举些我自己曾经见到的国外实验室来说：法国Orsay是该国最大直线加速器中心，但它只有两三个科学家主事，技术人员也只有几人；德国BESSY同步辐射实验室，几个科技人员每人分管两三个技术领域；日本某大学的加速器实验室，有一个能量约为60MeV的电子直线加速器，只有一位教授、一个研究生和一个技术员，世界闻名的日本国家高能物理研究所实验室，在我参观时研究人员不足20名，当然日本工业界常有多人在那里服务，这是实验室人少的一个原因；在美国的加速器研究所中，人员的精简更是给人很深的印象，举世闻名的自由电子激光的发明人麦迪的实验室中，也只有他本人、一位女秘书、两个研究生和一个实验员。如此等等，不胜枚举。

考其原因，实验室在建成之后，需要维修和实验人员是所有实验室共同的情况，而前面提到的一些实验室受经费所限，不能雇用更多的工作人员，只好鼓励多面手，一人多用，这样做法可以说利弊互存。人员少了，每人的负担自然加重，但实验人员动手解决具体问题的机会也就较多，培养了他们的联系实际的能力，这不能不说是一个优点。而我国幅员广大，科技基础较为薄弱，为了培养更多的人才，实验室中的编制较大，也是有它的道理的。但是应该注意，我们所培养的应该是能联系实际，而不是只能纸上谈兵的人员，这样才能推动我国科技的快速发展。

谈到中外实验室的习俗，我还想到我在斯坦福大学研究院读书时一个同学的故事。此人名 Richard Neal，曾任斯坦福直线加速器中心副所长。他是该中心的科技大拿达 30 年之久，后已退休。我有一次赴美，该中心首任所长 E. Gington 在家宴请，他也在座。知他已由斯坦福大学附近移家到另外一个小城居住，问他为何搬家，他说他如住在原处，则实验室工作人员遇到问题，就会向他请教，这样会影响他的继任者发挥作用、行使权力。这话给我很深的印象。那些退休后还要幕后指挥，行使“余权”的人是应该向他学习的。

第八章　中国第一台可向高能发展的加速器

一、“想吃馒头，先种麦子”，一件远远超前的研究工作

回国后研制成功的中国第一个大功率速调管（1964 年）

回国之初，因为我在美熟悉电子直线加速器的业务，当然是希望开展电子直线加速器的有关工作，把自己的所学贡献给祖国。但做什么样的电子直线加速器呢？这时有两种选择：一是做一台使用磁控管的低能加速器，这是比较简单易行的。它的主要工作内容是研制加速管。所需用的微波源磁控管和它的调制器都可由当时国内的雷达工厂购买。但是这种加速器无法向高能发展，能量只限于几兆电子伏。而另一种选择，是建造一台可向高能发展的电子直线加速器，它的能量可以说没有实际限制，只要照样复制将它们连接起来，便可提高到极高的能量，这样就可以为我国以后发展高能物理实验研究奠定基础了。但它的建造，则是除了要研制加速管外，还要使用当时世界上功率最大的速调管和它的调制器，这两个系统的技术难度不下于加速管本身。但它是我国电子加速器向高能量发展的关键环节，而且大功率速调管在国防等方面也有重要的应用。除此之外，几十兆电子伏能量的脉冲电子束打靶后，可产生短脉冲的 γ 射线和中子，对国防工作有很大的用途。由此可见，上述二者不但在能量上有较大的差别，而最为主要的是它们的意义是大不相同的。至于种种困难，我

1964 年在原子能所研制成功的中国第一台
可向高能发展的 30MeV 电子直线加速器的控制台

当时自己以为，我有在美国主持建造世界上能量最高的医用加速器的全面经验，困难是可以克服的，因而选择了后一条技术路线。

前面说了，这种加速器的第一篇全面阐述的论文是在 1955 年《科学仪器评论》(*The Review of Scientific Instruments*) 发表的，工作原理已有很全面的阐述。但是我们知道，研制一个刚刚出现的尖端科技装置，关键并不在于你是否了解其工作原理，而在于你是否能把它在自己的现实条件下变成一个实实在在能够使用的实物。我们发展尖端科技，一个大的问题就是要有能解决研制中具体困难的能力。而具体问题又常出现于细节。换句话说，做一件实验工作，实际的成败、优劣常在于微细之处。这是真正成功的实验物理学家都会有的体会。

我们要建造的 30MeV 电子直线加速器本来是应该建立在国际上已有的最尖端的科技水平的基础上的。例如：需用与国防密切相关的、世界上功率最大的速调管来产生极强的微波；需要使用特殊性能的微波元件；需要使用低电平和高电平的脉冲技术；需要使用当时刚刚发展的电子计算机进行设计；需要使用特殊的精密加工技术和材料；如此等等。但这时我国正处于建国初期，百废待兴，工业是国民党留下的烂摊子，水平远远落后于当时的先进国家。在国际关系上那时处于孤立状态，西方对我国实行禁运，苏联老大哥虽说是可以提供援助，但谈到科技尖端的器材，又以国家机密为由而一口回绝。这些都是我们进行工作时的需求和现实条件的差距。

尽管现实条件十分困难，但我并未被它吓倒。最后，我们以一批刚参加工作的年轻人为主力，经过八年奋斗（包括历经反右、整风、“大跃进”、反右倾、四清等政治运动和三年困难时期），终于在1964年成功地建成我国第一台30MeV可向更高能量发展的电子直线加速器，并提供束流给有关单位做了重要的国防应用工作。

那么在这样的客观条件下，我们又如何把当时国际上最先进的科技成果在我国具体实现呢！下面要介绍的就是这个看来不可能的事情得以实现的简要经验。

1. 根据现有条件进行物理设计

首先需要明确的，这不是什么原始性的创新研究，而是如何在当时科技条件极端落后的国内，把世界上最先进的科研装置以及必要的种种设备，研制出来投入应用，为其他有关领域的发展创造条件。

斯坦福大学最初的电子直线加速器的设计，是在现代电子计算机发明之前。由于它繁复的计算，只好使用设在洛杉矶大学的大型机械计算机进

研制中国第一台可向高能发展的电子直线加速器时，当年的主要青年同事（摄于2004年）
（左起李广林、潘惠宝，右起顾孟平、朱孚泉）

1988年谢家麟在家中与他的学生们聚会
（前排左起裴国玺、王光伟、张仁善，后排左起高杰、刘红秀、黄永章）

行。这台机器开动时噪声很大，计算速度缓慢，但它是那时西海岸唯一的设备。我国则是连这个条件也完全没有。好在我在芝加哥建造的加速器中，取得了采用结构均匀的相速等于光速的加速管的经验，理论分析表明只要注入电子的能量够高，电子还是可以被电磁波俘获而得到加速的。在芝加哥那台加速器的实际测定中，肯定了束流性能的良好。因此，我决定使用均匀加速结构，来简化设计和加工要求。这样，物理设计大大简化，只用手摇计算机就可以完成了。

2. 工作人员的培训

由于分配来的学生（初为5～6人，最后陆续增加到50人左右，其中包括10余名复员军人）完全缺少加速器的知识和经验，组织他们分别补课，如“核物理”、“电子学”、“微波技术”、“微波电子学”、“电子直线加速器理论”等。此外，并派出青年工作人员到国内、外有关单位学习基础知识。例如，朱孚泉到南京720厂学习、了解他们制造一般调制器的经验，李广林和任文彬两人到苏联乌克兰技术物理研究所短期参观学习。

1979 年与《速调管群聚理论》一书合作者赵永翔教授合影

1996 年与博士生、今清华大学教授唐传祥合影

2001 年与赵镪博士在家中留影

2002 年与学生李逢天博士合影

2005 年与参加新型加速器研究的
博士研究生罗小为（左一）和王发芽（左二）合影

2006 年与研究生罗小为（左）和鲍煜（右）合影

3. 建立必要的实验室

首先建立了微波实验室，自行研制了多种微波元器件，如驻波测量线、微波信号发生器、核磁共振磁场测量仪、用黄铜板焊制波导管等。为了制造厚壁波导，自制电铸槽和用电铸方法来制造波导。同时建立了调制器实验室，在其中制造了火花球高压触发器代替现在通用的闸流管、脉冲变压器磁心绕制机等。

4. 建立精密金工车间

如加速管装配车间，设计制造加速管热胀蒸气包和阑片冷缩装置。

5. 建立了与有关单位的合作关系

在 1958 年与北京电子管厂建立了大功率速调管工艺合作关系，为我所工厂加工的部件进行玻璃阴极套筒的封接等工艺性工作。

最后我要强调，以 30MeV 电子直线加速器为主的室内任务，是在不具备充分物质条件下的自力更生的典型产物。它建成之后，在应用上，为国防建设做出了直接的贡献；在基础研究上，为 20 年后北京正负电子对撞机的建造奠定了基础，同时在加速器领域培养了一大批有实际经验的人才。这些成果是很大的。究其最根本的原因，就是党的支持和信任。我回国之初，领导就应我的要求，建造了北京中关村原子能所大楼东、西两侧两座加速器楼，分配了毕业成绩较好的学生，对无法获得的器材允许我随时开展自行研制，所需经费未加限制等，这样我才能在一个刚由封建、腐败、贫穷、落后的旧社会解放的物质基础上，完成这件世界上先进的科技任务。

有了领导的支持以后，我们如何能研制成功一个尖端的大型科研装置，还需要解决许许多多的关键技术。不做实际工作的人是很难体会这些问题的。有人认为技术问题，非关学术，微不足道。当然，这个说法也不是全无道理。因为具体的技术问题，不过是科技领域多如牛毛的细节小事，与国家科技发展中关系大局的项目的筹划推动，无法相比。这也许是很多青年人不愿长久献身大科学实验装置研制和改进的原因。但就我看来，当代的一切伟大实验方面科技成就，都离不开掌握技术。原子核裂变和聚变的原理和应用的基本思路是大家不难理解的，但制成反应堆或核武器就不那么简单了。除了理论指导之外，要掌握多方面的技术，才能最后做出实际可用的装置。科学是技术发展的源泉，但同时技术也是科学发展的依据。要进一步了解宇宙的大小，没有哈勃太空望远镜是不行的；要进一步了解微观世界物质结构与运动规律，没有高能加速器也是不行的。对极大和极小的物质世界知识的成功获得，都依赖于对无数技术细节的掌握。因此，为了将我国变成一个真正的科技强国，我觉得我们除了头脑聪明的理论科学家队伍之外，一个手脑并用，既能凭科学知识分析问题，又能动手解决具体问题的人才队伍是非常需要的。

我国第一台可向高能发展的电子直线加速器，其工作原理和制造方法都已由斯坦福大学微波与高能物理研究室首先创造性地研制出来，前面叙述了它的困难重重的研制过程。这说明任何尖端的科技发现和发明，懂得了并不等于做出来了，其关键就是在于掌握和解决技术的细节，而只有掌握了细节才能制出具体的器件来。我们研制这台加速器的技术细节是什么呢？详情难以尽述。加速管[①]和速调

① 关于加速管研制的具体要求：它的材料是高导无氧铜，从理论分析，知道它加工的精度要求是约5微米。加速管的长度约为几米。但加工这么长的部件时，刀具的磨损会超出公差范围，因此首先要把管子分为几段，并要使用金刚石刀具加工来减少刀具的磨损。同时要控制室温变化对测量尺寸的影响。加工后要多次用由粗而细的研磨以保证表面光洁度，因为表面光洁度会影响其中传播的电磁波的耗损。要知道尺寸和光洁度是否满足要求，要用加工过程的加速管组成微波谐振腔，由测量到的谐振频率和品质因子，确定尺寸及高频耗损是否合乎要求。最后要在管内镀以约半微米的金以便与嵌入的盘片边缘能有良好的接触。加工盘片同样有极高的公差和表面光洁度的要求。而最关键的是要把许多盘片按照严格的距离，以极好的电接触固定在管子之内。具体的办法是先把几十个盘片叠装在膨胀系数很小的用"因瓦"材料制成的圆柱棒上，盘间用分成三瓣的因瓦垫片来支撑和定位。将这个组合体先浸在液氮中让圆盘的直径缩小，同时把加速管放在蒸汽包中让它的直径变大，这时将叠好盘片的因瓦杆拉入管中。等它们受热膨胀后，盘片就可牢牢地固定在管子之内，形成盘片与管壁有良好电接触的一段加速管了。然后把因瓦垫片播出，再将管子两端的表面用手工研磨，将几节加速管用拉杆组成一个整体。所用的拉力要恰到好处，才能满足三方面的要求，就是要能保持管内的真空，要有良好的高频接触，同时不能导致管子长度过大的变化。当然这些繁复的工艺，现在已改用钎焊来代替了，但这就需要建造大型钎焊炉，而这在那时是不现实的。总的来说，有了理论计算提出的各方面的要求后，还要通过实践，克服很多的具体困难，才能满足这些要求。在这里我要指出当时分工机械加工的潘惠宝，他的能干兼苦干是加速管成功制成的关键。他后来成为高能所工厂的总工程师，曾在西欧中心长期任职，在欧洲引力波实验工程中做出重要的贡献。由于潘的努力，1962年，加速管在克服多项困难之后，在实验大厅组装就位了。

我们启动电子直线加速器的研制项目时，本来设想主要的研制对象是作为加速器主体的加速管，速调管则希望由国内、外获得。1956年院里器材部门曾派人到法国采购器材，我当即请求他们代为探询有无供货的可能。因为这事直接关系到我们下一步的行动计划，我当然十分关心，迫切想知道探询的结果。但不想事过几个月，渺无消息，而我一打听，这个采购组早已回来多时了。这事使我十分失望，虽然国际封锁我们无能为力，但是受我委托的人员应该尽早将结果告知，以便采取应对措施，避免影响工作进展。因此，我不免和一些人谈及在美芝加哥调制器高压电容击穿只用两天就解决了的高效率的故事。这话辗转传了出去，有的领导认为这是"崇洋媚外"的典型表现，多次在不同的大会上不点名地批判，使我受到很大的压力。此外，我还曾到我国当时的主管电子器件生产的四机部求援，由一位司长接见。但他说，这种管子是我们计划生产的，但安排在20年之后！在这种种情况下，我们要么放弃整个计划，要么自行研制。我决定在研究室内设立了一个小组，由南京工学院分配来室工作的顾孟平、秦玖等大学刚毕业的学生承担起这项国际前沿的任务。但研制大功率微波管，需要一整套专门设备和特殊工艺，而所里只能做机械加工。他们常是抱着所里加工的部件，搭乘公共汽车去位于东郊的电子管厂去进行工艺处理。最后，他们凭着艰苦奋斗与勤奋钻研的精神，圆满地完成了任务，填补了我国这方面的空白。

上面谈到了加速管和大功率速调管研制中遇到的问题，此外，在这两者研制的过程中，都有一个微波测量的问题，这又需要建立实验室，自行设计、制造各种特殊性能的微波元件，才能使上述两项工作得以进行。这项从无到有的创造条件的工作是由李广林克服了多种困难完成的。

管[①]的研制过程就是最为典型的例子了。

在经过八年奋斗之后，我们的可向高能发展的电子直线加速器终于在 1964 年建成出束了。使用它进行的第一个实验工作就是模拟核爆产生的辐射以进行仪表的校正和电子学硬化的研究，因它既可产生极强的 γ 射线，也可产生大量的中子，而时间特性又与核爆相近。使用这项装置进行测量后来成了一位科学家被选为中国科学院院士的成绩之一。

二、室内承担的其他任务

在建造 30MeV 可向高能发展的电子直线加速器的八年时间里，实际上室里还进行了不少其他有关加速器的工作，事实上它成了一个多种电子加速器的研究室了。

1. 电子回旋加速器

首先在“大跃进”的形势下，我们研制了一台几兆电子伏低能量的电子回旋加速器作为献礼项目。此事在 1958 年 10 月的《北京晚报》曾有报道，后来此器送给合肥中国科学技术大学供教学之用了。

① 速调管本身有两个关键问题，可以说是我们最大的技术关。一是隔离阴极与阳极间的 400kV 的玻璃绝缘套筒的击穿问题。两个电极之间有等压环，但我们最初并没有意识到它们的位置是很临界的。只有经过击穿之后，才意识到它的重要性，进行了模拟实验，确定了等压环的正确位置。另一个问题是管子工作之后，随着输出微波功率的增加，分隔管内、外界面的玻璃微波窗会被击穿，使管子暴露大气。而每次暴露大气之后，就要用几个月的时间改进设计，从头再次实验。现在管子的高压绝缘套筒和微波输出窗都使用高品质陶瓷了。可惜那时不知道这种特殊陶瓷材料和它的工艺要求，当然，就是知道了也无从获得这种材料。

另一个与速调管相关的问题是：该管的电源是在 $2\mu s$ 的脉冲宽度内高达 400kV 的高压，需要有输出脉冲功率在 100MW 量级的高压脉冲调制器。这个性能指标超过当时我国工业能够提供的产品近两个数量级。我曾到南京雷达工厂商讨研制问题，但他们说无力承担，结果我们也只好自力更生了。大功率脉冲调制器的部件中，最为关键的是脉冲变压器。存在设计、铂镆合金铁芯的绕制、镀膜、退火等问题，这些都是由朱孚泉自行设计并制造了镀膜机和退火炉加以解决的。

大功率速调管的制成意义是很大的，首先它解决了我们早在 1962 年已建成加速器主体只是等待微波功率源的困难局面，而使 30MeV 电子直线加速器迅速投入国防使用。另外我们试制成功的大功率速调管后来移交四机部 4404 厂生产，它生产的管子可提供高能所建造正负电子对撞机之用。同时又用于我任总顾问的合肥中国科学技术大学所建造的同步辐射装置上。

这个加速器的工作原理[①]和结构比较简单，但提取不同能量的电子束流到器外使用却存在一定的困难。在研制这种加速器的过程中，我提出了一种引出束流到器外的新方法，在 1957 年 *Science Record* 的第 33 期上发表。后来苏联在 1987 年将这种方法使用于他们研究的 1.87～5.7MeV 的装置中。韩国也把它用于一台 4.3～7.0MeV 的装置中（PAC，2001），他们在 30 年后替我证明了这种新方法的实用性。

另外，在这个研制过程中，我们还曾遇到并解决了另一个技术困难。十分有趣的事是在解决这个困难之中碰到的问题，实质上与我十几年前在昆明无线电厂研制测量高频、高压绝缘材料性质的装置时碰到的问题在原理上是完全一样的。因此，这也解决了我多年来的困惑。

在这种加速器中，磁控管的振荡频率要受负载性质的影响，而作为负载的谐振腔的性质又由磁控管的频率而定，这种相互依赖的关系，在实际工作中就表现为加速电流很不稳定，时大时小，有时甚至消失。在国外研制这种加速器时，在馈电回路中插入一个铁氧体隔离器，虽然这将导致一些高频功率的损失，但可使磁控管振荡频率不受负载性质的影响。问题是我们得不到隔离器，最后只好用调节谐振腔与磁控管的距离这种笨办法来解决问题了。

关于负载与振荡源的相互影响的问题，在雷达技术的发展过程中也曾发现，在 20 世纪 40 年代末期有一些研究论文中已有讨论，名为“长线效应”。不过在电子回旋加速器中，由于振荡器的负载是一个高度频率敏感的谐振腔，因此这个效应特别严重，系统中存在多个振荡模式而使加速器运行不稳。

在 1959 年室里分配来一个磁学专业的大学生刘守勤，我就安排他烧制铁氧体片，打算自制隔离器了。“吃馒头要先种麦子”，这就是另外一个例子。1962 年他被调走，这事就只好放弃了。他行前写了一个大篇幅的总结性文章预备投稿发表，此时我正因病在家休养，室里学术秘书拿来要我审阅，因刘从来没写过科技论文，稿件存在多种技术和表达方式的问

① 电子回旋加速器的基本工作原理是使用一个磁控管做振荡器，将其输出的微波功率馈送到一个在真空、磁场中的谐振腔内，以激发它的振荡，利用它谐振产生的强度很高的电场将电子由腔的开孔处吸出，这在物理书中被称为场致发射。这些电子中的一部分受到腔内的电场加速，获得能量并射出腔外，同时由于腔是放在磁场中，这些电子受到磁场的偏转力将做圆周运动，旋转一圈后又进入谐振腔接受再次的加速，如此多次重复这个过程，即可获得设计的能量，最后由一铁质管道屏蔽了磁场而射出器外。

题。我对铁氧体也并不熟悉，结果利用养病的时间，阅读文献，学习了这方面的知识，给他做了多处的改正。学术秘书见我做了这许多工作，就把我的名字也放在作者之内，但我还是坚决把我的名字划去，因为学术界“搭便车”的陋习是我十分反对的。

2. 人才培训

在我回国初期，新中国刚成立不久，百废待兴，培养人才尤其是当务之急。因此，经领导安排我除了在原子能所上班外，还在电子所和清华大学工程物理系两处开课，承担教学任务。在电子所讲授“速调管群聚理论”(讲稿后经赵永翔整理，由科学出版社出版)。在清华大学工程物理系讲授“微波与加速器”。参与这两个课程的同学们现在都届高年，多已退休了。但我相信，他们在我国加速器与微波器件的发展中，都发挥了重要的作用。

在进行各种电子加速器的研制时，认识到国内加速器人才急需培养。虽然我在清华大学和电子所都曾开过课，我并不认为钻研书本是主要的培养方式，而是有了基础知识之后，动手实践才是最好的方法。这个认识当然与我个人成长的经验有关。因此室内人员我都先分配工作，根据工作要求，进行调研学习。“边学边干”是那时的政治口号，但对我来说却是自身的经验之谈。后来室里的骨干，都在北京正负电子对撞机的建设中，起了关键的作用，现在这辈科技人员也都已退休，但多被国内在深圳、上海、山东等地的加速器工厂聘为顾问，对我国加速器事业的发展发挥余热。

外单位也有很多人员到室里来通过参加工作而接受培训。首先清华大学的胡玉民参加了电子回旋加速器的许多工作。后来他为北京剂量研究院建成了一台电子回旋加速器，性能良好，为我国剂量学的发展创造了条件。南京大学物理系的赖启基、姚充国等那时也在进行一个使用磁控管的低能电子直线加速器的研究，常来交流。后来姚充国在 1986 年出版了《电子直线加速器》一书，成为这方面研制工作者的重要参考。其深度和广度，实在不亚于国外这类专著。九院邱爱慈等人参加了室内工作，后邱以优异表现当选为中国工程院院士。连同前面提到的使用 30MeV 电子直线加速器进行核爆仪器校正的专家，一共产生了包括我自己（假如我是因加速器工作而得此殊荣的话）在内的三位与室里工作有关的院士了。

此外，在1963年为了配合原子弹的工作，九院提出要研制一台研究爆炸过程的规模很大的单脉冲强流电子加速器。后来经过认真研究，觉得条件尚不成熟，改由秦玖、邱爱慈等人参加研制了一台能量较低的，它的工作原理主要是基于研究室内已有经验的高压脉冲技术。她们很快地取得成功，为以后的发展奠定了基础。

3. 中子管的研制任务

在20世纪60年代初期，室里另一项工作是研制引爆原子弹的中子管。这个小组原来属于原子能所二部的中子研究室，但不知何故要改到中关村我室来。最初是由当时所长钱三强教授找我谈话，告诉我希望将中子管工作搬到室里进行，并强调虽然这样会影响30MeV电子直线加速器研制工作的进展，但中子管是重要的国防任务，能为国防任务让路也是有功劳的。我一向认为研究工作要为国家建设服务，这正是我的"学以致用"的宗旨，当然义无反顾地承担下来。于是这个小组便成建制地搬了过来，从此一切方便条件都给了这个小组。我个人虽然对中子管研制的有关业务也略知一二，但具体问题和相关文献都是陌生的。因此从头学习占了我主要的时间。好在该小组的组长、编制在九院的陈俊美的业务和组织能力都很强，他做小组长不但把这班人带得团结奋战，而且在工作上顺利推进，我只是参加讨论，提些意见而已。中子管工作很顺利地完成了任务，据说在我国试验的第二颗原子弹中便使用上了。

在1980年左右，"文化大革命"结束后，陈俊美已离开了九院。他听到我国将进行高能加速器的建造时，曾给我写信说希望参加，但要给他解决住房问题。我当然非常欢迎他来，把这事与行政方面讨论的结果竟是无法安排住房，我也只能万分惋惜地告诉他了。加速器领域少了这么一个干才，我至今思之怅怅。

承担了中子管任务之后，主持单位给我送来了北京某研究所的入门证，在物质困难时期，还给我送来黄羊肉、白糖等物，关怀备至，使我非常感激。但我这人性情疏懒，也没问清我应对哪位直接领导负责，应该向谁汇报进展和问题，只知道埋头拉车、尽我所能地推动工作，所以也从来没有去汇报过。后来有一次与王淦昌老师偶然谈及，王老说原来你在参与此事，可见他也是不知道的。

1996年10月我到四川绵阳中国工程物理研究院访问，有机会见到那里中子管研究室负责人员罗四维、王高典等同志，他们原来都是当初在室内中子管组的人员，至今仍在这方面工作。30余年没有见面了，意外相逢，至感快慰。尤其是看到他们工作的成果，与昔日相比，已有很大的进步。我为我国国防事业的发展和青年骨干的成长，感到无比的欣慰。

1978年室内多项工作获中国科学院重大成果奖及全国科学大会奖。

4. “文化大革命”的洗礼

在那场天翻地覆的史无前例的“文化大革命”中，我正好患上了肝病，受到一定的照顾，同时可能平时为人憨厚，没有得罪什么人，因此那些借着“革命”之名，报私人恩怨的事，也没有轮到我，使我成为众多的遭遇迫害的知识分子中的“漏网之鱼”。在1978年门户重新开放之后，因要兴建高能加速器，我在离开20余年后重访美国。第一站就是到斯坦福直线加速器中心访问。那里我的师友甚多，许多人都加以招待。海伦（Helen Morrison，我读书时期导师卡德罗的秘书）组织了一个小会，把我往日同学、同事找到一起叙旧，交流彼此情况。后来金兹顿（E. Ginzton）教授（时任瓦里安公司董事长）把他家人和我旧日师友招来在斯坦福大学教师俱乐部设宴招待。那时震惊世界的“文化大革命”刚过，很自然地大家要询问我的遭遇情况。因为我个人在“文化大革命”期间确实由于种种原因，并没有受到什么大的冲击，我只好如实道来我的感受：就是我不理解到底这与文化有何关系。我最感到痛惜的是我国的发展失掉了这十年至为宝贵的时间。不管为了什么目的，把全国人民都搅动起来，脱离生产，这在20世纪的文明国家中，实在是难以想象的事。但他们可能觉得我是有所顾忌，不肯多说。事实上我确实没有受到冲击。就以当时风行的抄家为例，在抄家的风潮中，据说已经拟定了包括所里全部高研的抄家名单。就在原子能所红卫兵大队部开会布置第二天开始行动的前夕，所里的红卫兵中有人不顾风险、见义勇为，给国务院接待室打了电话，汇报了所里的情况。根据国务院的指示，制止了对我所高研的普遍抄家，因此把这次“革命”行动取消了。这事说明了即便在当时狂热的政治气氛下，周恩来总理还是关心、爱护知识分子，群众中也有不少善良、正派的好人。当然，在我知道这个过程后，心中十分感激。

在“文化大革命”的一个阶段，所里造反派组织我们几个年纪较大的人在一起学习，包括赵忠尧先生、张文裕先生、朱洪元先生、郑林生先生

1979 年重访斯坦福大学，师、友在教师俱乐部设宴招待
（右一为谢家麟，右二为导师金兹顿教授）

1982 年与卡德罗教授（后左一）及夫人（前中）、赵永翔（后右一）、
绪筬（前左一）和女儿亚祥（前右一）

和我等几个人。虽然说目的是学习《毛泽东著作选》，互相帮助，但实际上给我们创造了一个条件，使我们对彼此的品格、为人，多了一层了解。可惜当时共同学习的几位同事、朋友，现在多已离开我们长逝了。

在“文化大革命”期间，知识分子被称为“臭老九”，都以无知识为荣，学校封门，教师下放。我父亲喜欢藏书，也赶紧随着大家，把书籍当做废品出卖，而心实哀痛。他曾写过一首“沁园春”词示我，说明他作为知识分子对书籍的感情：

见故家藏书论斤捆卖述感

故纸堆中，几费钻研，心力枉抛。
叹冷淡生涯，风随世变，婆娑老态，日逐年凋。
一秤芸编，三瓶腊酒，犹胜寻常炉火烧。
从今后，要卖书买犊，休误儿曹。
经行晓市周遭，暗摸索丛残绳束腰。
念易饼街头，当无宋椠，换鱼摊上，未必元钞。
破落高门，零星旧户，估客肩抬筐又挑。
堪怜处，指紫泥封识，尚说前朝。

在那疯狂的时代，知识分子，尤其是高级知识分子，很少没有接受批判帮助或劳动改造的，我是因种种原因总算幸免，但绪镃就无此幸运了。她要去整夜开会，研究“教改”，有次“千里野营拉练”，她因平脚不能参加长途跋涉，就被派去锅炉房做锅炉工，每班工作 12 小时，用的是劣质煤，极易烧结成板块，她的任务是要先把七八个锅炉上满用煤，把锅炉中燃煤烧成的板块，用小车推到煤灰堆放处，然后将之高高地堆砌整齐，一班 12 小时不分昼夜，要运送几千斤的煤和煤渣，劳动量之大就可以想见了。

在那疯狂的时代的初期，我也写过一首名为“无题”的小诗，可作为我当时心境的说明：

飒飒秋风到古城，残花剩柳尽凋零。
漏迟夜长人不寐，依稀闻得晓鸡鸣。

在 1989 年，我到美国布鲁克海文国家实验室参加国际合作研究，见到那里的中国学者，说到自己过去曾在美国工作、学习过八年时，他们常问“你对当时决定回国后悔不后悔”，我总是回答“我不但不后悔，而且感到非常庆幸，作了正确的回国的选择，使我有机会施展自己所学的知识，为祖国建设服务”。这完全是我至今的心态。事实上，在我1955年回国之初，有一位新闻记者也问过我为什么要回国，我曾告他：我留学期间学到了一点点本领，留在美国工作只是“锦上添花”，而回到祖国则是“雪中送炭”。希望自己能对生我育我的祖国做出些贡献，乃是我们这一代留学生的普遍的心声。

第九章　十年磨一剑，锋利不寻常

一、高能加速器的筹划

1988年10月北京正负电子对撞机实现了对撞。从此，中国进入了能够进行高能物理实验研究的科技先进国家之林。北京正负电子对撞机的优异性能为高能物理实验创造了条件，由而获得了多项高能物理的重要成果。一机两用，也同时使应用广泛的同步辐射的研究成为现实。更重要的是通过这些工作，培养了大批的人才，充实了我国尖端领域的科研队伍，提高了我国的工业水平。近年我们已经在世界范围出口加速器部件，因此也取得了经济上的效益。以一个事前没有建造对撞机经验的国家，一举而获得全面的成功，这是我国科技发展史中的一个有重要国际影响的里程碑，也是高能所建所以来对国家最大的贡献，它的意义无疑是十分巨大的，值得我们认真地总结和思考。我有幸从1980年起，从开始讨论方案、进行设计、到制造安装，担任它的技术负责人。作为成员，参加过10次与此工程有密切关系的中美高能物理联合委员会会议，因此对其中经过，颇多身历。这里想把亲自参与的一些环节写出，有如燕泥鸿爪，聊供参考，虽非全面，但求翔实，也许可为以后研讨中国科技发展史者，提供一些史料。

北京正负电子对撞机的电子直线加速器部分

北京正负电子对撞机的储存环部分

1978 年高能加速器设计组在美国费米国家实验室考察，
谢家麟将五星红旗升到该所主楼之前，左立者为该所所长威尔逊

1978 年率高能加速器设计组访问美国费米国家实验室，
将中华人民共和国国旗升起后合影（右五为杨振宁教授，右四为谢家麟）

1978 年在美国费米国家实验室访问
（左一为该所所长威尔逊，左二为高能所前党委书记钟辉）

16 San Francisco Chronicle ★ Wed., Oct. 3, 1979

China's Plan to Build an

By David Perlman
Science Editor

Beijing

At a historic fork in the highway north of this capital city, where one road leads to the Great Wall of China and the other to the underground tombs of the Ming Dynasty emperors, Chinese physicists are preparing to build the nation's first high-energy atom smasher.

They are already refining designs for the sophisticated instrument, building the powerful magnets that will guide its beams of sub-atomic particles, and planning experiments in an effort to approach the frontiers of basic scientific research.

American physicists have been shuttling between their own laboratories and Beijing to offer guidance and criticism. Dozens of Chinese specialists are already studying and working with experimenters at America's largest accelerator centers.

This is the first collaborative scientific venture signed and sealed since relations between the United States and China were "normalized" in January, and the Chinese obviously attach the greatest im-

Stanford physics graduate Xie Jalin is chief designer of the synchrotr

1979 年 10 月 3 日美国《旧金山时报》刊载的
谢家麟报告中国高能加速器规划情况

1979 年 2 月参加中国高能物理代表团访问联邦德国电子同步加速器
研究所（DESY）国家实验室
（右起 DESY 所长夏甫、谢家麟、唐孝威、陆献林）

1979 年在美国布鲁克海文国家实验室
与强聚焦原理发明人柯伦特教授（左）讨论加速器设计问题

1979 年随同代表团在丁肇中教授（后立右三）家做客

1980 年谷羽率领考察组在美国 LBL 研究所

1980 年高能物理代表团部分团员在纽约李政道教授家
（左起毛振龙、钟辉、谢家麟、吴健雄、袁家骝、隋经义）

1980 年在美国费米国家实验室威尔逊所长家做客
(左起朱洪元、谢家麟、吴健雄、威尔逊及夫人、叶铭汉、袁家骝)

1980 年 6 月高能物理代表团在美国黄石公园
(前排左起胡宁、谢家麟、张文裕所长、Russ Huson、赵东苑团长)

1982 年谢家麟向美国五大国家研究所所长介绍北京正负电子对撞机模型

1982 年 3 月在北京举行的中美高能物理联合委员会宴会中
（左起美国布鲁克海文国家实验室所长赛姆斯、谢家麟、
贝克莱国家实验室副所长哈特绍）

1983 年 11 月中美高能物理联合委员会在美斯坦福大学召开，
会中与该校校长肯尼迪交谈
(右起肯尼迪、谷羽、谢家麟)

1983 年在美布鲁克海文国家实验室与物理学家
帕勒梅教授（右）讨论他提出的新加速器方案

1984 年在北京正负电子对撞机的开工典礼上
（左起方毅、李政道、周培源、宋健、朱洪元、谢家麟）

1985 年在北京作自由电子激光学术报告
（前排中间坐者为王淦昌院士）

1986年陪同杨振宁教授（右一）参观北京正负电子对撞机模型，左一为高能所前所长叶铭汉院士

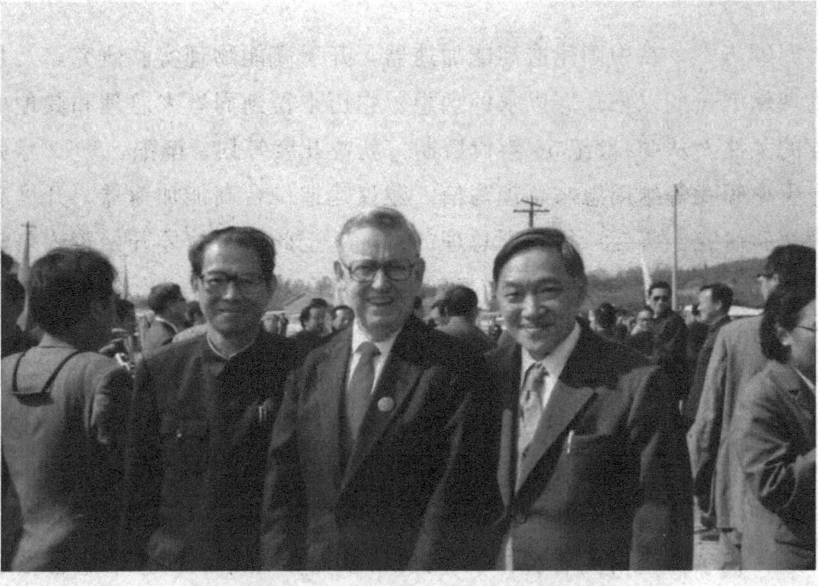

1988年在北京正负电子对撞机奠基典礼上（左起谢家麟、美国能源部法勒教授、叶铭汉院士）

2000 年在北京正负电子对撞机控制室
（左为谢家麟，右为张闯）

二、历史背景——“八七工程”

回顾历史，在中国建造高能加速器，开展高能物理实验研究，乃是我国物理学家长期以来梦寐以求的理想。它历来得到周恩来总理和其他中央领导的关注。从 20 世纪 50 年代后期，就曾几度筹划、酝酿。1972 年张文裕先生率领我等给周恩来总理写信，建议建造一台高能加速器，开展高能物理实验研究。寄信后得到周总理的批准。至此，事情才开始正式启动起来。1973 年在原子能所一部的基础上成立了高能所，并由张文裕先生担任首任所长。张先生是国际上知名的实验高能物理学家，他在 μ 子吸收的研究中确证了 μ 原子的存在，从而开拓了奇异原子物理的研究领域。他还发明了多丝火花计数器这种高能粒子探测器，在国际科学界享有盛誉。1956 年回国后，他积极推动云南落雪山宇宙线实验站的扩建，与肖健先生共同领导建造了当时世界上最大的云雾室，做出了高水平的物理工作，培养了一代宇宙线研究者。60 年代初，张先生在苏联杜布纳联合核子研究所利用加速器进行高能物理实验，他把当时已知的重子共振态归纳成核子和超子的激发态，提出了一个重子能级跃迁图。并在 Λ^0 超子和核子散射研究方面做出了重要贡献。他是我国宇宙线及高能物理研究的奠基人之一。他一贯非常重视理论与实验相结合。多年来他孜孜以求的就是要建立我国的高能物理实验基地，培养和形成我国的高能物理研究队伍。建造高能加速器，可以说是他这个思想的具体体现。他为此呕心沥血，任劳任怨，献出了晚年的全部精力。他对我国高能事业的奉献，是我们永远不能忘记的。

1977 年 11 月中央批准代号为“八七工程”的高能加速器的建造任务，成立了指挥部，由赵东宛同志任总指挥，他时任国家科委主任。任命林宗棠为工程总工程师（他后来曾任航空航天部部长），郭树言为高能所总工程师（他后任湖北省省长、三峡工程总指挥），我为加速器总设计师。这个工程选定建在北京市郊昌平县境内十三陵西南，加速器简称 BPS，能量指标几经调正，最后确定为 50GeV。建成运行以后再用它作为注入器，注入更高能量的加速器中，以求在能量上达到国际的前列。

但是应当说明，“八七工程”是在相信中国有 10 个大庆油田，经费不成问题的背景下提出的。在科学上并未经过慎重的论证。由于我国对如此高能量的加速器，缺少具体经验，故在 1978 年，决定派人带着在国内完成的初步设计，出国考察，深化设计。当时的形势是“文化大革命”刚刚结束，门户初开；中美尚未建交，美国政府持反华态度，倡导“两个中国”，因此从政治上，我们对美国是疏远的，但认识到美国在科技领域中的领先地位；西欧虽在政治上比较友好，但在加速器领域，多少是后起之秀。故决定在国内继续进行设计的同时，派出两个设计考察组：一组是何龙、方守贤二人到西欧中心；一组由谢家麟、钟辉、隋经义、徐建铭、毛振珑、潘惠宝、沈宝华、王书鸿、肖意轩、陈森玉等 10 人组成去美国费米国家实验室。

去美国的考察组是由在费米国家实验室工作的邓昌黎教授安排的。我们在费米国家实验室期间，他给了我们无微不至的生活上的关怀和业务上的帮助。在我们居住的房子的厨房壁橱里，堆满了米、面和中国人喜欢吃的食品，在办公地点，也准备了文具、茶叶和烧开水的电炉。工作中他更是照顾备至，亲自帮助我们改进设计方案。后来在我们结束费米国家实验室的访问再到布鲁克海文国家实验室访问时，他仍常常打长途电话和我讨论技术问题，记得有一次关于注入、引出的方案，我们足足谈了一个多小时。他这种无私的热情，使我非常感动。他的夫人黄乃申做了一手好中国

1979 年 1 月在高能所接待来所讲学的加速器专家邓昌黎教授

菜，常常请我们到她家一饱口福。费米国家实验室所长威尔逊(R. WiLson）是世界著名的加速器专家，他当时正在主持这个世界能量最高的加速器实验室，他对中国十分友好，尽管当时中美尚未建立正式外交关系，他也是十分热情地接待，在我们到达之后，举行了盛大的欢迎宴会。会上他和我都作了热情洋溢的讲话，我除了表示感谢之外，特别强调今天我们来向你们学习，如同直流电向一边流动，但是，当我们有了建器的经验之后，我们的交流将会是交流电，它将是对双方都有好处的。饭后他邀我与他一同把五星红旗升到该实验室的办公大楼之前。此时杨振宁教授正好来讲学，有他参加这个值得纪念的场合，并和我们留影为念，我们倍感高兴。在我们于 1978 年 5 月到达以后的两个半月的时间里，威尔逊始终极力支持，密切配合我们的工作，并主动提出把一批仪器设备借给我们带回中国使用（经过向华盛顿中国驻美联络处请示，我们并未接受）。

在加速器领域，威尔逊教授是一个杰出的，同时也是有争议的人物。他领导完成过几个高能加速器，同时对加速器这种大科学设备的研制方式有独特的见解。他在《核物理评论》一书中，曾提出加速器工作者应像补锅匠那样工作，在总体的理论设计的指导下进行研制，但最后则是从实践上发现不足之处，加以修改、提高。在 20 世纪 80 年代末期，计算机应用于加速器设计已有显著的效果，在西欧中心的高能加速器的建造中，使用了计算机进行设计，建成调机时十分顺利，开机后很快调出束流。因此有人说设计好了的机器的性能是完全可以预见的，不需在事后修正。对这个关系大局的工作方式，作为技术负责人的我，当然十分关注。为此我特别约威尔逊讨论，在计算技术已很发达的当时情况，他的补锅匠的观点还是正确的吗？他的回答仍是要在建成发现问题后再加修正、补充。其实他的观点多少反映欧、美行事的差异。我曾看到一个报道，说一个美国加速器专家在西欧中心设计了一块磁铁，制成后他发现磁铁支架做得非常精美，他说我只要支架能起支撑作用并可调整就行了，这么精美是不必要的。但西欧中心的工程技术人员却不以为然，他们说我们做的东西要表现出我们欧洲的技术水平。当然做得过于精美，造价就要高些，时间就要长些。此事多多少少地反映了：欧洲人更强调质量而美国人更强调效率。斯坦福大学教量子力学的布洛克教授常说“物理学家靠近似生活”，这话的精神与威尔逊所长的观点是相当接近的。但是威尔逊也为这个作风付出了代价，就是尽管他为美国政府节约了上亿的美元，但因他在出现了种种故障的加速器尚未调好之际，过于乐观地确定了可供使用的日期，让使用加速器进行实验的实验物理学家们，携家带眷地来到实验室的住宅村，等了好几个月，而加速器却不能工作，完全打乱了他们的计划，使他们非常愤怒，竟要到能源部去控告他的失职。

威尔逊除了在业务上对我们热情支持外，而且热心地撮合中国和苏联的科学家间的关系。在欢迎我们考察组的宴会上，他特别约请了当时参加美、苏合作的科学家，并且将他们介绍给我。以后又拟在家宴请苏联科学家和钟辉及我，我们向当时设在华盛顿的中美联络处的领导请示后，拒绝了这个约请。他只好单独设宴约请我们俩人了。

在费米国家实验室访问期间，中美尚未建交，双方隔离多年不相往来，所以我在美国定居的亲属们听说我来了，都热情地远路到费米国家实验室来看望我，这有我的五妹、七妹和绪筬的在美普度大学任教的二哥范绪筠。那时的外事规定是不能单独会见国外亲友的，因此和他们见面时，总要有一位党员同志在场陪同。当着生人谈家常生活私事，我总是觉得有些尴尬。好在几次陪伴会见的是钟辉和隋经义，他俩在完成“在场”的任务的同时，都非常通情达理，尽量不影响我们交谈的气氛。对此我心中十分感激。妹妹们都知道那时国内物资紧张，因此都带给我成箱的物品。我担心影响不好，只象征性地收了几件物品，希望我的不情做法不会使她们过于伤心才好。

1978 年高能考察组在美国布鲁克海文国家实验室
（左起肖意轩、毛振龙、袁家骝、徐建铭、隋经义、
王书鸿、谢家麟、钟辉、沈宝华、潘惠宝）

在费米国家实验室访问的末期，李政道教授与袁家骝教授向我方提出：布鲁克海文国家实验室的 AGS 加速器的能量与我们要做的加速器 BPS 能区相近，有很多可以借鉴之处，应该前往访问。因此我和考察组的部分成员，在费米国家实验室完成深化设计任务后，于 8 月初到了布鲁克海文国家实验室，进一步考察到月底。在此期间李政道教授正在布鲁克海文国家实验室讲学，我们朝夕相处，常在一起午餐，听到他对多种问题的宏论，如中国人口增长的规律等，受益良多。他知道能源部高级官员多伊乞（J. Deutseh）要来布鲁克海文国家实验室视察，便建议我去找他并当面介绍了我们的设计方案和所需器材，希望得到支持。此外，李教授还要我去听他组织的几位布鲁克海文国家实验室的有关专家，讨论适合我们的能区的探测器和做数据分析的计算机问题，以供参考。从我们的接触中，可以感觉到他对中国的 BPS 方案是有看法的。不过可能由于中国既然已经对建造 50GeV 的 BPS 方案作了决定，他就采取了尊重中国的决定，尽力促成它实现的态度。

上面说的是在我国高能事业发展初期李政道教授的关注和帮助，也许知者不多。实际上，在高能事业发展的每一阶段和方面，他都起着重要的推动作用，做出关键的贡献，具体情况在此文中，挂一漏万，就不能全面阐述了。

1979 年初，邓小平同志访美，与美国总统卡特签订了中美科技合作协议，高能物理合作就是其中的第一个子项，并成立了中美高能物理联合委员会。国家如此重视高能，为我国发展高能事业创造了非常有利的条件，也给我们这些科技人员以极大的鼓舞。

三、方案调整，BPS 下马

1980 年底，我国国民经济调整，基建收缩。中央决定“八七工程”下马，但高能不断线，可在玉泉路高能所，利用“八七工程”预制经费 1.2 亿元的剩余部分，进行较小规模的高能建设。就这样，一个庞大的脱离我国实际的高能规划刹车了。过度膨胀的高能所人员的情绪，犹如一场烈焰被倾盆大雨浇淋，波动极大。不过现在反思国家建设和高能事业的得失，这个调整、收缩，对高能所来说，真是“塞翁失马，焉知非福”，假如沿着原来的“大高能”的路径走下去，步人后尘，难出成果，摊子又铺得过大，经费势难维持，结果显然是不上不下，替国家造成极大的浪费，后果不堪设想。从这些方面看来，当时中央的决策是十分英明的。

此时高能所面临的局面是如何调整？在 1.2 亿元预制经费中，玉泉路基地已用去了几千万元。剩下的约 9000 万元就是调整方案，量体裁衣的投资限度了。在所内发动了群众进行讨论，见仁见智，分歧很大。对加速器方案有：“电子还是质子”、“慢加速还是快加速”、“强流还是弱流”、“能量高些还是低些”等方案，在这四项考虑中，后三者都是质子方案，这反映了当时群众的思想状态。就在这动荡时期，李政道教授作为中美高能物理联合委员会的联系人，在 1981 年 1 月打来了电话，提出高能是中美科技合作的一个项目，而且原定 1981 年 6 月要在北京开中美高能物理联合委员会第三次会议的，如今调整了方案，是否需要向美方各有关实验室通报、商量以后合作的内容？领导研究后决定派朱洪元教授和我前往商讨。这时，所内讨论已有了一些进展，确定了建器应尊重实验物理学家的意见的原则，决定了首选是弱流慢引出、能量为 5GeV 的质子同步加速器，第二选择则是能量为 2GeV 的快循环的增强器，这是我俩出国前的情况。

1981 年 3 月 17 日，朱洪元、我和当时在美的访问学者叶铭汉在费米国家实验室与美国参加合作的几个实验室的所长和专家们，举行了非正式、通报中国高能调整方案的讨论会。美方主席利斯（J. Leiss）未曾与会，这也许是美官方态度有些冷淡的缘故吧。就是在这次会议上我介绍了所内商定的调整方案之后，大家展开了讨论。在各种建议中，美国斯坦福直线加速器中心所长潘诺夫斯基提出了建造 2.2GeV 正负电子对撞机的建议，经过讨论，与会者大多同意这个建议，认为它有明确的物理目标，造价也适合中国的规定。事实上潘在 1973 年中国高能物理代表团访美和他在 1976 年访华时，都曾以不同方式提出过类似的建议。

那么，什么是对撞机呢？在高能加速器的发展史中，对撞机的发明是一个伟大的革命①。它出现之后，由于性能的优越，基本垄断了其后高能加速器的建造。

朱洪元教授和我对潘的建议进行了非常详细慎重的研究，觉得它能量不是很大，规模适中，但可做国际上前沿的物理工作，而且有兼顾同步辐射应用的特点，这是我国在当时高能经费收缩的条件下，仍能在高能物理方面迎头赶上世界先进科研行列的极好方案。在会上提出讨论的所有的方案中，这无疑是最适合我国情况的，因此值得认真对待。朱洪元教授通过

① 在对撞机发明之前，高能物理实验都是使用加速器产生的高能粒子束流轰击静止靶，使被加速的高能粒子与靶中的粒子发生作用，产生高能反应，再用探测器测量反应产物的性能，借以了解物质的微观结构和运动规律。但是这种做法有一个明显的缺陷，就是被加速粒子的动量，一部分用于产生高能反应，而不可避免地要有一部分成为被轰击的粒子的前向动量，因此产生高能反应的效率不高。举例来说，这有如一辆高速前进的汽车，撞上一辆同样大小的停在路旁的汽车，当然这个撞击的结果会造成车子一定的破坏。这种破坏相当于所要得到的高能反应。但同时两辆车子必将同时向前运动，这又代表与反应无关的能量浪费。如果让两辆相同的车子以相同的速度对头相撞，则撞后两辆车子都将停在那里不动。这样两车的全部动能都将用于产生高能反应而没有撞后运动那部分能量的损失了。这就最浅显地说明了两束高能粒子束相向碰撞是最有效的产生高能反应的方法了。因此，自 1956 年对撞机原理被提出并经意大利和斯坦福－普林斯顿早期的实验验证之后，国际上高能加速器的研制都走对撞机这个技术路线了。当然，从工作原理上，不难看出，对撞机的技术要求要比打静止靶的加速器复杂得多。使用带电不同的粒子，如电子和正电子，可以在同一个由聚焦、散焦和偏转磁体组成的环（储存环）中沿相反方向储存、加速和碰撞。也可使用带电相同或不同的粒子在两个相切的储存环中运动，在相切处碰撞。但无论哪种方式，粒子束在相撞处必须有很小的截面积和很大的数目，同时要有很长的做回旋运动的时间做多次碰撞，才能产生足够多的有统计意义的事例。这些要求都构成了建造对撞机的技术难度。

电话与当时在美访问的中国理论物理学家周光召同志（后任中国科学院院长，是我国成就卓著的理论物理学家）交换了意见，得到他的支持。此后，我们在布鲁克海文国家实验室又约请了当地的访问学者们，包括叶铭汉、冼鼎昌、徐英庭、周耀华等人进行了座谈，也获得了绝对多数的赞同。写到这里，使我想到朱洪元教授，他以理论物理学家特有的严格严谨的作风，和对高能物理事业无比的热忱，对北京正负电子对撞机的物理目标、能区选择、方案论证等方面起了非常关键的作用，现在北京正负电子对撞机以优异的性能被建造成功，而他却在1992年溘然长逝，离开了我们。思之令人神伤。

这时虽然在国外的中国科学家大多赞成对撞机方案，但国内人员尚未同意。主要因为对撞机技术上难度较大，需要冒较大的风险，没有十分把握。因此，两种方案难以决定①。与此同时，个别美国科学家及美籍华人学者，在与我们私下的接触中，也还是表示了不同的意见的。例如：有人提出在这个能区没有有意义的物理实验可做；也有人说，对撞机技术要求特高，束流不稳定性和超高真空都是难题，中国能否做出来？中国第一个高能加速器就做技术很难的对撞机，冒的风险是否太大了；等等。

就是在该会之后，为了进一步落实对撞机方案，朱洪元和我在3月底又回到斯坦福直线加速器中心。我们分别与该所大约20名物理学家和加速器专家深入地探讨了2.2GeV对撞机的物理目标和技术问题。这时，以严武光为首的在美国西海岸的15位中国访问学者，也提出了关于建造一台3～5GeV正负电子对撞机的建议。与此同时，我根据SPEAR（斯坦福直线加速器中心当时正在运转的对撞机）对撞机当初的造价，以及从银行资料中，估算了物价变动后在美建造这么一台机器的造价。这样，2.2GeV对撞机的轮廓逐渐勾画出来了。

---

① 那时国内讨论的主流是建造一台能量较低的质子同步加速器。这种加速器的技术难度较低，易于实现。但能量低的加速器能做的有意义的工作，已被各国已有的能量更高的加速器做过，也就是被已有的更高能量的加速器所“覆盖”，难以找到有价值的研究领域。而对撞机呢？不但它有效的产生反应的能力更好，而且如能恰当地选择富有物理问题的较低的能区，则设计在更高能区的对撞机在此能区的性能将不能与我们竞争。因为对撞机有一特性，就是当工作能量偏离设计值时，产生高能反应的能力将迅速地下降。所以，更高能量的对撞机，并不能“覆盖”能量较低的机器。尽管如此，对撞机较静止靶质子加速器的技术难度更大，也就是要冒更大的风险，这是不争的事实。于是对两者的取舍，就构成了国内高能物理界争论的焦点了。

四、上下求索，起步艰难

朱洪元和我从美回国后的主要工作是把对撞机方案向领导和有关方面汇报，解释疑问，争取支持。但此时赞成质子加速器的仍然大有人在。1981 年 5 月初，由中国科学院学部与“八七工程”联合召开了有多数国内知名物理学家参加的“香山会议”。会议结果基本肯定了对撞机方案。这时科学院是由学部直接领导业务工作的。朱洪元和我又于 1981 年 6 月向中国科学院数理学部第二次常委会作了方案汇报，会议“基本同意以两年时间，350 万人民币进行预制研究”。此后，在丰台进行了预制方案讨论会。在承德召开的高能物理学会也对此作了重点讨论。经过这些汇报、论证与讨论，由于对撞机方案的明显优越性，国内舆论逐渐向有利于对撞机的方向发展。1981 年 7 月所内成立了“对撞机筹备组”，希望把全所工作的重心转到对撞机的方案上来。这样，在表面上又向前跨进了一步，但实际上困难和阻力还是很大。从各方面提出了很多的质问。例如，国外的估计，不到 2000 万美元，但中国的国情不同，造价将是多少？国外专家也说对撞机技术困难，你们有把握在中国自己力量的基础上做出来吗？中国对大科研工程的管理组织缺少经验，在 1981 年的当时，更是很落后混乱，能适应这个尖端工程的需要吗？现在你们说有物理窗口，但几年之后还有吗？美国 SPEAR 会自己不做，而把机会保留给你们吗？当时科学院实行学部领导制，不少学部委员，鉴于过去我国上大项目，犯过一些错误，以科学家应有的认真精神，好心地主张这次应当特别慎重，甚至有人提出要负责人签字，不能按领导批示办事等，使我这个技术抓总的人感到很大的压力。

这时形势是严峻的，要想推进工作，必须在难度克服，投资 9000 万元人民币可以包下来这两点上表态，这已是大势之所趋了。但是，在这样重要的问题上表态，不仅是关系个人，更关系到国家和人民的得失，因此我当时是作了很大的努力和很多的工作来回答这两个问题的。在经费问题上，国外的经验是清楚的。我与联邦德国电子同步加速器研究所（DESY）的副所长沃斯（G. Voss）教授讨论时，他也认为 9000 万元人民币是足够了。沃斯和威尔逊这两人在加速器领域都以独特的性格、强悍的风格著称，也都是难得的干才。一次我在沃斯的办公室里，看到一幅大字标语写着："Nothing is impossible until it is sent to a committee."（没有办不成的事，除非把它提交到一个委员会。）这确实使我颇为震惊。在与他多次交往后，对他有了些了解，才意识到对这个标语，我们不能只作字面的理解。他实际上是感到众说纷纭，对成事的困扰，和坚持正确决策、力排众议的必要。

但这终究是人家的判断，在国内必须取得具体的依据。因此，在所内开始组织各分系统作经费预算。总体投资当然是要在各分系统预算的基础上，才能提出来的。而过去做预算，习惯于"头戴三尺帽"，多报些以备削减；另外还有借此难逢的机会，武装自己小摊子的想法。因此报告的预算远远超过限额。当时我的办公桌上，堆着约一尺多高的预算表。在审查过程中，我只好用解剖麻雀的办法，选择了一个项目，用了几天的时间，从技术方案到工艺路线和使用器材，逐项调查落实。最后发现，在同样可以保证质量的前提下，不同做法在投资上可能有很大的差异。就是说科研工程投资是有很大的伸缩性的。这里举一件小事作为佐证：有一位西欧中心的专家来所参观后，曾对我说："你们的设备实在太好了，我们用几十兆的示波器的地方，你们却用几百兆的。"这可从一个角度说明为什么造价估计可有成倍的差异。另外，与此相关的就是各单位各自为政，仪器设备重复添置。这个现象在我国科技界是相当普遍的。我记得瓦里安公司董事长金兹顿教授有次访华，我们见面时谈话间他问我："在中关村地区，你们有多少台核磁共振装置？"我告他大致台数后，他感到很是诧异。他说："我是瓦里安公司董事长，核磁共振装置主要是由我们公司生产的，我当然愿意你们多买，但我实在不懂你们为何需要这么多台？因为一台是可以提供很多用户使用的。"近年我国正在推进科学实验设备平台共享的建设，这是解决仪器设备浪费的十分重要的举措。

根据这些实际情况，我认识到不树立原则上的共识，设计与估价都是无法进行的，因此后来提出了六项设计指导思想，以求思想上的统一。就这样，经过许多调查、分析、说服、辩论的工作，最后 9000 万元预算终于成为大家可以接受的数字了（截至 1988 年 11 月建成后 1 个月，谱仪及电子学部件共用 2940 万元，直线加速器用 2650 万元，储存环及输运线共用 3010 万元，合计 8680 万元，可见当时的估价还是相当准确的了）。当然 9000 万元的预算是在"初步工作，逐步完善"的基础上提出的。后来领导把经费限额放宽，我们放弃了根据经费来分期扩充的概念，取而代之是一步到位，这样才能把同步辐射的建造提前实施。另外，在建成北京正负电子对撞机的同时，进口了大批先进设备，也建成了各方面具有国际水平的实验室，这些费用，当然不属于原来估价的范围了。

在技术难度问题上，确是有很多人持怀疑态度的。我在不同的场合强调指出的是：自 50 年代以来，我国已培养了一批加速器理论和实验人才，我们制造过一些低能加速器，有关的工厂也获得了一定的经验，特别是与对撞机有直接关系的电子直线加速器。1956～1964 年，资本主义国家对我国禁运，苏联对我国保密，我国当时工业水平又很低的情况下，我与一批刚刚大学毕业的青年，自力更生，奋斗八年，终于建成了一台技术要求十分精尖的 30MeV 电子直线加速器，同时制成了国际上功率最高一级的大功率速调管。这个加速器可以照样延长，提高能量，实质上已完成了对撞机注入器的预研，通过它我们培养了一批有实践经验的队伍。现在，在开放政策创造的有利条件下，我们可以通过中美高能物理联合委员会的途径，吸取美方的经验，技术上可以请进、派出，关键器材可以进口购买，同时我们的工业水平也今非昔比。以前那么困难的情况下，一切依靠自己，我们不是也做出来直线加速器和大功率速调管吗？现在条件如此优越，怎能说技术上不可行呢？我相信这些事实，对树立大家的信心是有帮助的。

这个时期存在的另一个巨大的矛盾是，要想说服别人，推动论证，就需要拿出一些初步的成果来，这就意味着要有大批熟悉业务的人员，做很多技术性的工作。但这时人心涣散，有人别寻出路，有人出国工作，不少人持观望态度，能够死心塌地工作的人数与需要的工作量相比，极不相称。正像一个雪球刚刚滚动，要经过一段苦难历程，散落的雪才能附着上去，达到迅速扩大的阶段。虽然如此，这时总的形势比调整初期已有一定的进步了。为了利用斯坦福直线加速器中心的条件深化总体设计，取得预制项目的参考资料，落实器材的采购渠道，领导决定派邓照明局长、朱洪元和我三人于 1981 年 9 月，再去美国。

五、曲折前进，方案落实

没有想到，在北京正负电子对撞机即将步上坦途之际，竟又出现了几乎灭顶的险情。

原来出访的目的是进一步推动落实北京正负电子对撞机工作，但是，在三人临行前到科学院聆听领导指示时，听到的却是（大意）：根据摸底的情况，经费不能超过7000万元，方案还是质子，因为已经有了质子加速器的基础。可用“八七工程”的35MeV质子直线加速器注入2～5GeV的质子同步加速器，用来做老领域的科学研究。至于对撞机，则等以后预制完成再说，因为它有技术困难问题，物理窗口问题，也有需要重新审批的问题。这个指示与我们原来理解的出国意图，全然不同，使我们感到茫然，但这是领导的指示，我们只得怀着沉重的心情，在1981年10月10日踏上赴美的班机。

到达的次日在斯坦福大学招待所与李政道教授会面，转达了领导的意见，这显然改变了原来的设想，李教授感到十分诧异，觉得这样举棋不定，反复变化，对电子、质子这个大方向仍不确定，那么第三次中美高能物理联合委员会会议如何开法？什么是合作项目？下一步向何处推进？李教授以海外学人对我国高能事业的一片赤诚，极力说服推动，结果邓照明同志与国内通了电话，经过有关领导的再次慎重研究，终于肯定了正负电子对撞机这个大方向。这就使原来打算到美进行的下一步亟待进行的工作，成为可能，也为第三次中美高能物理联合委员会确定了目标。

这样，在10月25日，中美高能物理联合委员会在费米国家实验室再次举行了非正式的会议。在这次会上我们向美方说明了中国建造对撞机的决心，确定了一些预制项目，提出了与各实验室下一步合作的设想，为第三次联合委员会会议作好了准备。

建造北京正负电子对撞机，另一个关键的问题是：如何获得进行高能物理实验和数据处理的快电子学元件、先进的计算机系统和其他方面需要的特殊的尖端测试仪器。这些器材国内尚不能生产，必须进口，这就首先要解决美方对我国禁运的问题。为了简化美国能源部、商务部、国防部逐项审批的复杂手续，美方希望有一个一揽子的器材清单。所以会后，我又回到斯坦福直线加速器中心，突击地拟定了一个《2.2GeV正负电子对撞机技术内容的总体说明》，提交美方，作为在基础研究项下批准禁运器材的依据。后来，1982年夏总体设计考察组在斯坦福直线加速器中心工作期间，潘教授又介绍我和张厚英与美国总统科学顾问柯沃茨（Keyworth）博士会面。我向他介绍了北京正负电子对撞机方案和所需器材，他也答应帮助解决关键器材的禁运问题。

在这个时期，魏德曼（H. Wiedemann）教授经过两昼夜的不断工作，替我们做了一个 2.2GeV 对撞机的初步物理设计；所长里克特（B. Richter）也做了一个 5.0GeV 的方案供我们参考。他们的忘我劳动和对中国发展科技的热情，是令人十分感动的。

六、设计预制，制造安装

在高能加速器中，正负电子对撞机较静止靶加速器有更高的有效能量，而且反应通过电磁作用，本底很低，结果易于分析，优点很多。但它也有局限性，就是只能在设计得很窄的能区工作，离开设计能区，亮度就会以能量的四次方下降。因此能区的选择就成为至为关键的问题了。国际上由于能区选择的失当，而建成后未能得到预期效果的对撞机，已有先例。北京正负电子对撞机的能区最初选在最适于研究粲粒子的 2.2GeV。而且，为了使对撞机除了进行高能物理实验之用外，还能利用电子做圆周运动时产生的同步辐射，进行多学科的光与物质作用的研究，故在设计中我们特别注意到这种应用的可能性。在 1984 年 6 月举行的“同步辐射光及其应用”的会议中，主要目的就是宣传、沟通同步辐射光在多学科的应用。我在这个会议中作了“北京正负电子对撞机和一机两用情况”的报告。

但后来为什么又把能量指标写成 2.2/2.8GeV 呢？这里有一个过程。就是 1982 年初，斯坦福直线加速器中心的潘教授和布鲁克海文国家实验室的塞缪斯（N. Simus）教授，都先后向我提出过 2.8GeV 能区重子研究的重要性。经过我们认真考虑，认为如能将北京正负电子对撞机的能量指标保留由 2.2GeV 延至 2.8GeV 的可能性，就会有助于扩展它的研究领域，延长它的使用寿命了。因此，我向当时中国科学院直接领导北京正负电子对撞机工程的钱三强副院长作了汇报。提出要求改变设计指标。他认识到这个变动的重要意义，做出了正确的判断，同意了我的请求，但强调以后千万不能再变了。可是这样就产生了一个技术问题，就是以前申报的都提 2.2GeV，如果改提 2.8GeV，势必引起许多程序上的困难。重新审批，必然旷日费时。因此，我们最后将 2.8GeV 解释为裕量，这就出现了很难理解的 2.2/2.8GeV 能量指标这个提法了。钱三强同志在领导北京正负电子对撞机工程期间，为我们做了大量的工作，委托张厚英同志来所担任常务副所长，就是一个重大的措施。此外，在职称政策上也对高能所实行优惠，使技术干部积极性得以更好地发挥。他对我国高能物理的发展，正像对核科学技术一样，做出了重要的贡献。当然，他对我国国防事业的功绩更是有口皆碑的。不幸，他现在也离开我们逝去了。

北京正负电子对撞机是一个规模宏大的科研工程，既有工程的规模，又有科研的性质。工程一般是有规范可循的，设计根据手册；科研则无一定的模式可循，要强调性能灵活。由于科技水平不断发展，所以建成之日，也就是改进之时。在世界上高能加速器虽不算多，但各国的具体设计却都有所不同。有的使用很大的安全系数，不计工本，以保证一次成功；有的采用临界设计，但实际上有发展的余地，以图省时省钱。我们历年曾向世界各大实验室派出很多人员学习访问。回来之后，多少都带有各实验室的传统作风的烙印。因此在设计思想上，见仁见智，难以找到一个在性能指标上相互匹配，连贯一致的认识。就此，我曾与几个国家的高能加速器实验室所长交换过意见，都感到这确实是令人困扰的问题。因此在初步设计中，我根据自己 30 年来从事加速器研制的体会，提出了六条设计北京正负电子对撞机的指导思想。即：①以保证高亮度为首要考虑；②采用经过考验的先进技术；③设计中强调简单、可靠；④采用能达到性能指标的最经济的技术路线；⑤设计中保留以后改进的余地；⑥设计中保留一机多用的可能。以上各项虽然看似老生常谈，但实际上都有针对现实的内涵，为篇幅所限，这里就不能展开了。这些原则的提出，对统一各系统口径，协调匹配，起了一定的作用。

在设计工作中，经常会遇到多种因素的制约关系。参数的选定，常常是只能两害相权取其轻，两利相权取其重。例如，正、负电子注入的能量、储存环磁铁的孔径、直线加速器应否采用能量倍增器等。

1983 年底，粒子加速器学会在杭州开会。利用会议之便，我组织并主持了储存环方案补充讨论会。在这次会上，除了讨论了储存环的细小修正外，并着重研究了同步辐射光束引出的问题。这正是向着我提出的保留改进余地和一机多用的设计思想的具体实施。

总体设计工作完成，系统与部件性能参数落实之后，下一步就是要在正式建造以前，对技术上关键的系统与部件进行预制研究，以便掌握技术与工艺，保证批量生产能达到设计指标。为此，我们在注入器、储存环、探测器等方面，分别选定了一批预制项目，在 1981 年学部批准后开始进行。这样，北京正负电子对撞机的研制就从软件推进到硬件了。

前面已经谈到，在我们完成了北京正负电子对撞机的初步设计之后，为了深化设计，高能所组织了一个包括我、张厚英等由 21 名人员参加的对撞机总体设计考察组，在斯坦福直线加速器中心进行了两个月的考察工作。他们给我们以极大的支持，把一栋新建的大楼的二层提供给我们使用。我方分成七八个小组与斯坦福直线加速器中心有关专家分别搭配，对口讨论。当然事先我要与对方的专家分别谈话，说明我们的基础和希望达到的目标。在到达斯坦福直线加速器中心之初，我首先向他们作了一个介绍总体方案的报告。这是我们的原始方案，为进一步改进提高作为参考。这样美方的专家就比较容易地切入正题了。考察的结果是在设计中吸收他们成功的经验与失败的教训，收获很大。后来这个 21 人的考察组成员都成为北京正负电子对撞机建造的技术骨干。举一个例子，我们了解到 SPEAR 在当初设计时沿束流方向位于不同部位的多个真空盒的横向尺寸出入较大，因此导致束流不稳定性阈值较低。所以，在北京正负电子对撞机的设计中，特别注意减少沿束流方向真空盒横向尺寸的变化，这对推迟不稳定性的出现是十分重要的。北京正负电子对撞机今天能在亮度上超过 SPEAR 四倍，这个措施是起了关键的作用的。在北京正负电子对撞机上马之初，院里就派来张厚英同志担任常务副所长，他能参加考察组，对我们顺利完成任务起了很大的作用。当然更为重要的是他以丰富的科研管理经验、充沛的精力与干劲，在组织管理、条件保证、基本建设等方面，对北京正负电子对撞机工程的顺利完成，做出了十分重要的贡献。

为了保证设计中关键问题的掌握，我招收了两名博士研究生，裴国玺和王光伟，专门深入地研究这些问题。一个是探讨真空盒横向尺寸的缓慢变化的问题，另一个是探讨正电子产生与俘获的问题。通过与他们的经常讨论，使我对这两个关键环节的研制，有了较多的掌握与了解，也从他们的成就中体会到新生力量对科研事业发展的重要性。我个人虽然酷爱具体的研究工作，但领导北京正负电子对撞机这样的规模庞大、技术综合、性质尖端的科研工程，实在难以从文山会海中摆脱，心余力拙。因此，我主要抓住各系统接口之间的匹配（包括系统性能的匹配、部件接口的匹配和工程进度的匹配）。具体业务就只能依靠各系统的既有水平又有才干的领导和群众了。虽然事例很多，但谈起来难免挂一漏万，这里我就不一一叙述了。

在谈到北京正负电子对撞机的研制过程时，我们不要忘记当时是门户开放之初的时代背景。在选择技术路线时，必须考虑器件能否得到连续供应的问题。这就要求除了纯技术考虑之外，还要考虑到国际关系、使用的器材国内能否生产、产品质量如何、进口的可能性等。

在基建工作中也曾遇到过一些常规工程中不会出现的问题。例如，北京正负电子对撞机地基下沉率对对撞机运行的影响、马路车辆和地铁引起的震动对粒子轨道的扰动、昂贵的空调设施的使用范围等，特别是为了能实现“一机两用”，需要落实在基建中有关同步辐射的问题。这些非常规的特殊问题常常构成不同部门之间的意见分歧。为了取得共识，落实指标，在 1984 年我受命带领一个基建考察组，包括中国科学院设计院参加设计工作的人员和高能所参加同步辐射工作的人员，到联邦德国两个同步辐射实验室 BESSY 和 DESY 作了短期考察，圆满地解决了一系列的在基建方面的要求和措施的分歧。

谈到同步辐射的应用，虽然最初为经费所限，启动较晚，但设计考虑和技术措施却自 1982 年一直在进行着，首先在所内成立了调研小组。1983 年为了同步光引出的问题在总体设计中对偏转磁铁进行了修正。1984 年派出了到联邦德国 DESY 和 BESSY 的考察组。还举行了由全国主要用户参加的“同步辐射光及其应用”的规模很大的讨论会。在 1985 年，冼鼎昌就任同步辐射研究室主任，我国参加了在美国布鲁克海文国家实验室召开的国际同步辐射会议，派出了多人代表团。会中我作了“北京正负电子对撞机工程”的报告，冼鼎昌作了“BEPC 同步辐射实验室情况报道”的报告。冼鼎昌原是很有成就的理论物理学家，他进入同步辐射领域，可以说是大改行。但考虑到同步辐射牵扯到很广的学科领域，一个有雄厚理论物理基础的人负责此事，实在是很恰当的人选。此后，我们也陆续派出了一些人员到各国实习，但是，光束线硬件的具体订货和研制，则是在领导提出北京正负电子对撞机建设方针应该强调应用，并为我们争取到了额外的经费以后才开始进行的。

为了保证北京正负电子对撞机这样复杂的科研工程的实施，我们需要比一般工程上使用的图表更为科学的规划方式。国外对大型科研工程，一般采用“临界路程方法”（critical path method，CPM）或类似的统筹计划方法来指导工程进展。它根据技术内容的因果关系，表明影响工程进度的关键环节（临界路程），这是推动大型科研工程的一种有效的规划方法。

我在“八七工程”任总设计师时期，就编写了讲义，向全所介绍。在北京正负电子对撞机建造的过程中，从1981年起更大力推广。同时根据我国的具体情况，对此方法作了补充。因为，若要CPM能起到指导作用，就必须在计算机中输入对技术问题本身的全面分析和对完成时间的正确估计。如果输入的数据不准确、不可靠，就很难希望它起到应有的指导作用了。主持各分系统的人员，由于缺少经验和追求保险的心理，在时间的估计上有时会有成倍的误差。为了把握可靠的输入数据，我们组织了专人，到各有关研究室了解情况，估计进度，参与CPM的编制。这样才有了比较可靠的输入材料。实行下来，大家反映它对推动工程起了很大的作用。这也可以说是根据国情，我们对CPM的发展吧。

在北京正负电子对撞机立项之后，我感到这么庞大的科研工程，没有一个高素质的技术队伍是不可能完成的，我们所里的人员应该说有些人是有建造加速器的实际经验的，但绝大多数对有关对撞机的系统理论是陌生的，因此我觉得头等重要的一件事是队伍的培训和提高。我特意请人来所讲课：在储存环方面，我请了中国科学技术大学的姚志远。他曾在斯坦福直线加速器中心访问过很长的时间，业务上有较高的水平。我曾向该中心的所长里克特（B. Richter）了解他学习的情形，里克特说：“我知道的他都知道了。”在注入器直线加速器方面，我请了南京大学物理系的姚充国。姚早在20世纪70年代末期，就着手编写一本有关电子直线加速器的专著。我在替他审校该书时，就发现他对理论、设计、测量等方面都有较深的掌握。这两位的讲课，应该说帮我们一些没经验的技术人员奠定了十分必要的基础。我相信有了这两方面的系统的基本知识，就会使他们后来到斯坦福直线加速器中心分专业的对口学习能更为有效。不过，我这个做法，据说也招来一部分人的非议，觉得这样做贬低了高能所的身价。这使我感到，“门户之见”是我国科技发展的一个很大的障碍。

在北京正负电子对撞机的研制过程中，应该说斯坦福直线加速器中心对我们的帮助是诚挚、关键的，但当时国际关系变幻莫测，在我国自力更生政策的指引下，对于许多重要的决策我还是拒绝他们热心的建议：譬如高频加速系统的频率，他们高度推荐使用500MHz的高频系统，而可能使用的频率有50MHz、200MHz、350MHz、500MHz。我们选定的200MHz，就是在全面考虑了许多相互矛盾的要求之后决定的，如国内没有生产500MHz设备的能力、束团长度和不稳定性阈值的影响、禁运限制等。在磁铁孔径上他们希望使用的比我们采用的更大，以便容纳更多的电流，甚至他们动员所长里克特（B. Richter）亲自来说服，但考虑到我方考察组磁铁专家的意见，我们还是婉拒了。产生正电子的能量，他们根据使用的3.2公里长的加速器的情况，选得较高，但我考虑我们的直线加速器能量较低。如果产生正电子能量高，虽然产额稍多，但直线加速器总长度不能改变，注入储存环的能量就会较低，可能影响束流的储存和加速，因此也适当地降低。总之，向人家学习，不要忘记自己的具体条件，我们在制定设计方案时尽力体现了“以我为主”的方针。结果我们的北京正负电子对撞机不但性能指标超过世界上同能区的其他对撞机，而且除快电子学部件、大型计算机和极个别部件外，其余基本上都是以国产部件为主的。

最后，我想指出，北京正负电子对撞机的建成，是由于中央的正确决策，国际交流的技术协助，但是，归根到底内因为主。没有全体工作人员锲而不舍的努力和废寝忘食的投入，这件工程是难以完成的。事例很多，但为篇幅所限，这里我只想谈一件事。在北京正负电子对撞机建造期间，一位中年技术骨干刘德康的实验室因夏天西晒的关系，室温很高。他在那里长时间调试设备因受热而突然昏倒，有人告诉我后，我让他去休息。但过一会儿去看，我发现他在那里又埋头工作了。每忆及此事，我总是深受感动。可以断言，没有高能所高水平的科技队伍的努力，行政管理人员的配合和技术高超的工人的投入，尽管有了其他有利的外因，北京正负电子对撞机的成功是不可能的。谈叙至此，我为高能所全体职工队伍感到无比的自豪。

北京正负电子对撞机自1981年落实方案开始筹建以来，1982年完成了包括注入器、储存环、谱仪、束流监测控制和基建要求、造价估计的初步设计，开展了预制研究。1983年改进了设计，个别预制样机研制成功。1984年10月7日邓小平和其他中央领导同志为北京正负电子对撞机工程奠基，标志了工程的一个重要的发展阶段。1984年底能量倍增器试验成功，90MeV电子直线加速器出束。1985年主要设备分别交货。1986年进行安装，1987年开始总调，正电子注入储存环，1988年7月同时储存了正、负电子束，10月实现了对撞，真可谓一个胜利接着一个胜利。如此精尖庞大的科研工程，没有经过大的反复和挫折，说明参加总体设计人员的努力收到了效果，高能所没有辜负国内外的广泛支持和期望。最终它达到国际先进性能指标，在国内、外产生了巨大的影响，树立了我国科技领域一个显赫的里程碑。北京正负电子对撞机的成功，大大地增强了我们向高技术领域发展的信心。国际上认为艰巨的科研工程，我们竟以优异的性能指标完成了。这不但说明了我们队伍的技术水平，也同时说明了我们对大科研工程的管理，达到了很高的水平。

七、心余力拙，主动让贤

在大局已定，工程即将完成的1986年，我主动向中国科学院领导提出了辞去工程经理的报告。其中原因主要是两个方面：首先自从20世纪60年代初期，我就感染了肝病，经过治疗休养后虽然痊愈，但却留下严重失眠的后遗症。失眠只好吃安眠药。但也不是总有效的。记得1985年10月在美布鲁克海文国家实验室参加同步辐射会议时，有一晚吃了三次药才能入睡。结果第二天早晨去开会时，发现走路不能掌握方向，只好到该所的诊所去求医，大夫说我是吃药过量了。这个毛病迄今仍在困扰着我。这当然对担任工程经理这个繁重的职务是非常不合适的。另一方面，我的内向的性格和拙于处理人事关系，也是严重的缺陷，开会、汇报、发言、接待等对我都是很大的心理负担。在高能建设的初期，我最初是副所长主管技术，后来又被任命为工程经理，我已经觉得是国家需要，勉为其难了。在方案确定、设计完成、预研成功、工厂完成部件加工、工程进入安装并且部分建成之时，我觉得这时已没有必须要我做的工作了。考虑再三之后，主动向领导提出辞呈。这样，接力棒就传到副工程经理方守贤的手里了。他年富力强，精明强干，曾在苏联杜布纳学习加速器技术，熟悉业务。在他的领导下，北京正负电子对撞机于1988年顺利实现对撞，性能不断提高。之后，重担又交到第三代技术领导郑志鹏、王书鸿，第四代领导陈和生、李卫国、张闯等手中了。北京正负电子对撞机对高能物理的发展，已经做出重要的贡献，如τ粒子质量的测定、强子分支比的测量等，取得了卓越的成果。在同步辐射方面，已圆满地实现了“一机两用”，在科研与应用两方面都取得了重要的收获。目前对撞机正在进行大规模的改造，将储存环由单环改为双环，将亮度大幅度地提高，以后必然还会有更为辉煌的表现。我有幸参与它的工作，看到今日的成就，感到由衷的快慰。

八、建造北京正负电子对撞机的经验给我个人的感受

首先，北京正负电子对撞机的顺利建成是党和政府，特别是邓小平同志高瞻远瞩的决策和前后一贯的支持的结果。在耗资巨大、议论纷纭、成果未定、效益不明的情况下，领导的决心是关键的，也是困难的。中央将北京正负电子对撞机列为国家重点工程，并且委派以谷羽同志为首的领导小组，主持器件加工、经费调拨、基建推动、工程管理等方面的工作，这为北京正负电子对撞机的成功创造了最根本的条件。

北京正负电子对撞机成功的一个重要作用，是它使我们树立了有进行国际尖端大科学工程建设的能力的信心。它证明：我们的理论和技术队伍，尽管以前缺少直接经验，但能很快地成长，创造出世界水平的成果。同样，我们的工厂也能做出世界水平的部件。制造北京正负电子对撞机储存环的四极磁铁使用的冲模，最初为了赶进度，我们在国外订制，同时也在所内试制，后来发现我们自己的产品在对称性和精度上都优于国外的。北京正负电子对撞机直线加速器的加速管，加工精度和制造工艺要求极高，而我们的产品性能是如此优越，它目前已出口到好几个国家，美国的几个大实验室都使用了我们制造的加速管，为国家创造了可观的外汇。为进行基础研究而建造的北京正负电子对撞机能获得经济效益，这还是最初所没有想到的事。

总结北京正负电子对撞机成功的经验，我觉得“两个结合”应是重要的一条，即管理组织与科学技术相结合，如为了推动北京正负电子对撞机的建造，中央在1984年批准成立了以谷羽同志为首的包括张寿、林宗棠、张百发同志的四人工程领导小组，这是北京正负电子对撞机得以顺利建成的决定性的一步。由此，北京正负电子对撞机的一些关键部件（八大件）的制造可以通过国务院重大装备办公室直接安排工业生产。这在加工定点，质量保证、合理定价、如期交货等方面起了不可估量的作用。在经费调拨上，从预制开始，一直是重点保证，从未间断。进口器材所需的外汇，也得到充分的支持。在基建方面，解决了征地、配备了北京市高水平的施工队伍，进度才能得到保证。在暴雨浸没隧道的险情下，马上有消防人员前来排水；在把探测器线圈这个庞然大物从承制单位，位于坨里的中国原子能科学研究院运到玉泉路的高能所的过程中，北京市动员了公安、

交通、电信等许多部门，保驾护航，才能平安到达。试想在当时的条件下，善扯皮的官僚主义还相当严重的时候，没有四人领导小组，以上这些问题能够顺利解决吗？工程能够快速推动吗？

另一个经验是内、外结合。在依靠自己力量的基础上，尽量吸收国外一切可为我用的东西。北京正负电子对撞机的优越性能，不能不说是吸取了斯坦福直线加速器中心的对撞机成功的经验和挫折的教训的结果，做到了“青出于蓝而胜于蓝”的成绩。谈到这点，我觉得斯坦福直线加速器中心潘诺夫斯基教授对我们的热情无私帮助是功不可没的。

最后，从我前面的片段叙述中，不难看出，在北京正负电子对撞机曲折发展的全部历程中，李政道教授以炎黄子孙的赤诚，一心以我国科研事业的发展为己任，投入了无限的精力。经常回国或通过电话长时间地用他宝贵的时间与我联系。每当我们遇到困难时，他总是不遗余力地在中、美双方为我们疏通渠道，排除困难，使北京正负电子对撞机的研制工作得以摧破坚冰，胜利前进，以抵于成。对我国高能事业的发展，他无私的奉献和所起的作用，这里就难以尽述了。事实上，大致在此时期（1979～1989年），他还创办了“中国-美国联合招考物理研究生项目”（CUSPEA），在10年内为我国培养了915名高级人才。我曾在美亲自看到他与秘书废寝忘食地紧张地与各方联系、安排的情况。

1989年，国家为北京正负电子对撞机的主要从事人员颁发科学技术进步奖特等奖，我排名第一，得此殊荣，我感到无比荣幸。

关于北京正负电子对撞机的全面情况，柳怀祖编写了《北京正负电子对撞机》一书。1994年10月由科学出版社出版，书中图文并茂，是全面介绍北京正负电子对撞机建造的历史过程的专著。

九、邓小平与“北京正负电子对撞机”

在基础研究领域，高能物理是研究物质微观世界最基本的科学，它的实验研究需要建造高能加速器，而建造高能加速器又需要巨大的投入，因此，就我国是否应该修建高能加速器的问题上是有不同的看法的。反对的意见是：它无关当前的国计民生，应当缓行。

但邓小平同志却能透过表面看到本质：看到基础研究是应用研究的源泉、是培养高水平人才的沃土、会促进我国高精尖制造业的发展、会有力地推动国际高科技的交流。因此，他提出了“中国必须在世界高科技领域占有一席之地”，他对在我国建造高能加速器一事，十分支持、始终关怀。在1977年欧洲核子研究中心总主任阿达姆斯（J. B. Adams）、美籍高能加速器专家邓昌黎、德国电子同步加速器研究所主任朔佩尔（H. Schopper）等人来华访问时，他都亲自接见，深入了解他们的经验、看法和中国建造高能加速器的有关问题。在科学界经过一系列的调研、考察、论证后决定了北京正负电子对撞机这个高能加速器的方案后，他非常关注，大力推动。在1979年初他亲自签订的中美科技合作协议中，就把高能合作放在第一个子项。在具体实施中，亲自指定了以谷羽同志为首的四人领导小组，亲自帮助解决了在选址和建造过程中遇到的一些问题，并把这项工程定为国家重点。在日理万机，百忙之余，亲自参加了奠基和建成典礼，并多次接见参与合作的外国科学家并与他们亲切地谈话，阐述中国开展高能研究的必要与决心。

“实践是检验真理的唯一标准”，那么我们就看一看邓小平同志大力支持的高能事业的实践结果吧。首先在学术领域，我国实验物理学家利用北京正负电子对撞机在τ轻子质量、分支比R的测量等方面，取得了国际上高能物理界瞩目的重要成果，同时培养了大批高水平的参与国际合作的人才，使小平同志所说的“中国在世界高科技领域应占有一席之地”得到了实现。另外也大大提高了我国精尖仪器制造业的水平：能加工要求极高的加速管，并出口到很多国家，成为世界上加速管的主要供应基地。在磁铁的生产上，也为日本、美国等多个加速器实验室承担研制任务，使我国在某些技术密集的仪器设备上走到国际的前沿。邓小平同志推动基础研究这方面的伟绩，使我们缅怀难忘，也永远激励着我们努力向前。

第十章　北京自由电子激光装置的研制

一、历史背景

1987年5月28日中国科学界在北京海淀科学会堂举行学术报告会以庆祝王淦昌先生的80大寿，会议邀我作了题为“自由电子激光”的报告。我在报告中阐述了它的发展历史、工作原理、不同模式、理论分析、计算机模拟、当前的实验结果和它的广阔发展前景。我的目的是唤起国内科技界的注意，并特别强调说明了它是微波、激光、加速器、同步辐射等多种学科的综合产物。这是我涉足推动自由电子激光在我国发展的第一步工作。

在科学发展史中，在光源领域，1947年出现的同步辐射和1960年出现的常规激光，对基础研究和国民经济的多方应用做出了十分重要的贡献，使古老的光学发生了革命性的变化。但同步辐射是非相干光，常规激光波长不易调变，因此寻找在光波波段，波长可调的相干光源，成为科技领域的几十年来的努力方向，结果在1977年出现了新的光源——自由电子激光。

“自由电子激光”这个名字，是1977年斯坦福大学教授马迪（J. Madey）给自己研究课题的命名[①]。因为它工作的媒质是由加速器产生的自由电子，与常规激光波长决定于原子、分子能级跃迁的原理有根本的不同，

---

① 从历史发展的过程来说，自由电子激光首先是以爱因斯坦1917年发表的受激辐射概念为理论基础的。1933年卡皮查（P. L. Kapitza）和迪拉克（P. A. M. Dirac）提出了康普顿受激散射的实验设想。1951年莫茨（H. Motz）研究了相对论性电子束通过扭摆磁铁产生自发辐射（见第四章“斯坦福人物志”）。1968年潘特尔（R. H. Pantell）提出了微波散射实验的设想。1960年菲利浦（R. M. Phillips）制出一种新型微波管名为Ubitron，它实际上是在微波波段工作的自由电子激光。1972年帕勒默（R. B. Palmer）提出使用加速器产生相对论性电子束于自由电子激光的实验方向。在以上一系列概念和实验的基础上，马迪终于在1977年实现了这种崭新原理的自由电子激光。

它的波长随加速器产生的电子能量而变，因此是连续可调的。同时它与同步辐射光的不同之处，在于它是相干光源。另外，由于它用电子束作为工作媒质，有产生极大功率的潜力。因此，它发明之后，世界科技先进国家凡有加速器条件的实验室，风起云涌，竞相开展这方面的研究。但是，它也是个对实验条件要求十分苛刻的课题，因此，在众多的研究者中，约有半数装置未能工作。这也说明研制工作是有较大的难度的。

二、装置简介

自由电子激光装置有多种形式。这里只以最典型的为例。它包括三个主要部分：首先是一个能产生性能良好的电子束流的加速器，所谓性能良好，就是束流电流很大、截面很小、发散角度很小（发射度小）、而能量又十分单一（能散度小）；其次是一组极性做周期变化的磁铁（“斯坦福人物志”中提过的扭摆磁铁），性能良好的电子束沿轴线注入其中，受磁场作用而做扭摆运动，产生相干辐射；第三就是光学部分，由一个全反射镜和一个半透明镜组成光学谐振腔。镜子位于扭摆磁体两端，辐射在其中反复穿行，使已产生的光场与后来的电子束团作用，振幅不断增大直至饱和。半透明反射镜将产生的激光输出光腔之外，再经过光学系统送到实验室应用。

以上所谈的自由电子激光装置的组成中，最关键的、规模较为庞大的是束流品质优异的加速器。前面提到国际进行此项研究的实验室约有半数失败，其主要原因就在于加速器产生的电子束流的品质达不到要求。只有加速器产生的束流强度够大，能散度和发射度够小，才能在光腔中持续地与光场发生放大作用。其放大作用要能补偿光腔损失而有余，逐渐提高光场强度以致饱和，形成可用的自由电子激光。另外，对工作稳定度也有很高的要求。从加速器的角度而言，在性能上高流强、低能散度和低发散度这几个要求又是相互制约的。同时达到要求的指标需要很好的兼顾、折中，这远非易事，比加速器应用于辐照、作为环形加速器的注入器或进行一些核物理实验研究时的要求更为严格。

由上面所谈可知，自由电子激光是多种尖端技术的混血儿，使它出光是一个艰难的过程。在美国杰弗逊国家实验室（Jefferson National Laboratory）工作的自由电子激光的最早研制者尼尔（G. Neil）教授告诉我，在建成装置进行调试时，他曾三日三夜没有离开控制台，才达到了出光的目的。我有一次到杰弗逊国家实验室访问，住在他家。他的夫人是一位计算机专家，两个孩子都幼龄聪慧，熟悉计算机，儿子 12 岁，在暑假就能到能源部做计算机方面的临时工作了，尼尔本人当然更是计算机的高手，这真可以说是个计算机世家了。

我和庄杰佳曾于 1987 年短期访问斯坦福大学马迪教授的自由电子激光实验室，这是一个规模很小的实验室，除了他本人外，只有一个秘书，几个博士生和一位运行人员。这说明一个实验室产生的成果并不直接依靠于规模的大小。在 1984 年 5 月我曾参观位于西柏林的 BESSY 同步辐射研究所。他们机构的“少而精”，给我很深的印象。整个研究所不足 10 人。人少了每个人就得是多面手，如一位工作人员承担束流动力学计算、监测系统、高频腔、切割器、冲击磁铁等。另一位负责磁铁设计与测量、电子枪、真空系统、运行维护等。接触多方面的技术也就促进了研究人员手脑并用和快速成长。

后来，马迪在斯坦福大学因嫌管理费过高而带着他的自由电子激光装置转到杜克大学（Duke University）去工作。后又因与校方意见不合，而带着他的装置去了夏威夷大学。把这么复杂的装置搬来搬去而仍能很快地投入运转，说明他的业务能力是十分突出的。从他早期发表的自由电子激光理论文章，可以看出他有很高的理论分析能力，在几次搬动和恢复中，又可看出他有亲自动手解决实际问题的能力，这种高水平的手脑并用的人才实在是我们应该提倡、鼓励的。

在“北京自由电子激光装置”（BFEL）立项之初，采用什么样的注入系统是最为关键且应该优先考虑决定的。我在调研中比较了各种注入系统的技术特点、我国科技水平和经验的现状，和发展的前景之后，决定采用马迪和他的研究生新发明的热阴极微波枪作为注入器。它的优点除了技术上性能优越外，造价也较低，适合我们的经费限度。当然，这是一个崭新的技术，除用在马迪的装置外，国际上还没有人使用过，技术上的风险当然是会有的。我将这个问题作为我的研究生高杰的博士论文题目，结果他很好地完成了北京自由电子激光装置中第一个热阴极微波枪的试制。

当然，除了选择注入系统之外，在总体设计上，还有很多技术问题需要决定[①]。但是每一种科技路线中，有利的和不利的因素常常是并存的。技术决策，在很少有已有经验可资借鉴的情况下，常需反复的慎重考虑的。

三、立项启动

我认为，以我的专业经验和高能所的人才队伍及设备条件来说，承担这项任务是非常合适的。自由电子激光的技术虽然复杂，但规模并不庞大，这也就适合我的健康不佳但仍想做点有益的工作的情况，因此就向“863”计划提出申请。后来得到批准，经费有了来源，并由我担任“北京自由电子激光”课题负责人。

在中国启动像自由电子激光这样高、精、尖的研究课题，客观条件是非常关键的因素。此时我所庄杰佳与彭恒武先生合作，曾利用我在1955年回国后制成的30MeV直线加速器进行激光加速带电粒子的研究，但后来因故未能进行下去。因此，庄正在寻找新的研究方向，他愿意与我共同推动这项工作。他在激光方面的丰富经验，无疑是我们开展自由电子激光研究的宝贵财富。另外，我的博士研究生高杰、黄永章、唐传祥等前后都对自由电子激光的关键部件微波电子枪做过了富有成效的专门研究。有了这些人、财、物的条件，我才有勇气挑起这个向科技难题进军的重担。

这时在“863”计划中的自由电子激光课题，承担单位除了高能所外，还有中国原子能科学研究院、上海光机所、中国科学院上海原子核研究所、中国工程物理研究院、中国科学技术大学等。那时在高能所有两个研究室参加，一是30MeV电子直线加速器研究室，一是物理二室。1992年两部分人员合并，组成自由电子激光室。除由我任课题负责人外，由庄杰佳、黄永章分别任正、副室主任。两室一共约有40人员参加了此项工作。

在北京自由电子激光装置的研制工作中，我坚持了我的“因陋就简”的工作作风。直线加速器是30余年前我回国之初建成的，能量分析磁铁也是那个时代的遗物，在热阴极微波枪中需要使用的一个特种结构的阿尔

① 如扭摆磁体的类型，它的轴线与光场和电子束线三线重合的保证，电磁干扰（EMI）的排除，光学谐振腔的五维调节控制，引出机制是利用半透薄膜镜还是使用有轴心小孔的铜镜，高能电子产生的各种核辐射对系统工作的影响等，都是保证装置能否顺利建成的关键因素。

法磁铁也是用北京正负电子对撞机现已不用的四极磁铁改装的，等等，不但节约了建造费用，而且大大缩短了投入试验的时间。即便在实践中发现有些部件需要改进，但这个做法已经达到了争取早日接触核心问题的目的了。

四、排除困难　渡过难关

虽然我们早就知道北京自由电子激光装置是一个很难的研究课题，但在开展工作之后，才逐步体会到困难之所在。我们的任务虽是一项“跟踪”研究，但是国际上成功的例子较少，缺少可资依据的经验，加以我们的经费很紧，必须节约仪器设备的添置和部件的加工。因此，在研制过程中，遇到了不少的困难，进度常被拖延，不能按照原来的计划进行。

最为严重的技术关键是我们在建成整个系统，开始总体调整时，经过“发现激光信号”和“改进信号强度”两个阶段之后，出现束流极不稳定，时有时无。这个表面现象可能是由多种原因引起的，但我们仔细检查了各个部件，又没有发现什么问题。这个拦路虎足足使我们工作停步不前数月之久。此时南方某研究所的所长向“863”专题负责人投诉，认为这个课题选择了错误的技术路线，使用了不成熟的技术，以致这项装置不可能工作，而我应当承担技术责任。

这个投诉当然给我很大的压力，但也只能更加努力地寻找解决问题的途径。后来，我在控制台仔细观察束流变化的情况时，发现它的变化是有一定的时间常数的周期性的，这使我觉得它可能是一种由电容、电阻组成的放电回路造成的。可是系统中并没有电阻、电容的存在。这时我想起加速器发展的历史，在电子感应加速器研制过程中，曾发生过束流丢失的情况①。由于此事的启发，我联想到我们的问题是不是由于电子散射导致静电积累的关系呢？但周期性变化又是什么原因呢？我想到在我们的真空盒内，在离电子轨道不远的地方，有一绝缘瓷柱支撑着电极，而绝缘柱会有一定的表面电阻，电极与地也会构成电容，它们可能会组成一个有一定时

① 电子感应加速器是一种环形加速器，电子束在一个面包圈形、用玻璃制作的真空盒内，沿圆形轨道加速。在它发明之初，散射电子积累在玻璃壁上，造成不能连续加速的情况。后来是在玻璃真空盒内层镀上特殊金属膜，将散射电子排除，才解决了这个问题。

间常数的放电系统。这只是一种可能，但在我们的设备中却很难获得实验的证实，因这个真空盒是放在α磁铁中间的，结构复杂、紧凑，是由氩弧焊接构成的整体，不能打开，只有可供电子出、入的孔径很小的通道。如果根据这个尚不确定的假想理由，就重新设计制造新的真空盒，加工要用半年的时间，这将大大影响了工程进度，而且因为这只是想象的原因，也不能保证做出新的真空盒就能解决问题。因此我就大胆地采取了一个最节省时间、财力的措施，就是要一位技术员做一个弹簧铜片，从电子管道入口插入真空盒内，把绝缘柱挡住，避免散射电子打到瓷柱上，结果问题竟得到彻底解决了，束流可以稳定地得到加速，证明了原来的猜想。克服了这个拦路虎，使我们的工作前进了一大步。这事使我更为相信“细节决定成败”这句话。西方有一句俗语，“魔鬼存在于细节”，也正是这个意思。

五、锲而不舍　终抵于成

在使用中国原子能科学研究院条纹照相机测量束团长度，和上海光机所面阵探测器测量激光性能的配合下，高能所自由电子激光室于 1992 年 7 月观察到自发辐射。1993 年 5 月实现了受激辐射。年底得到了饱和辐射。圆满地完成了任务，成为继美国、西欧之后，亚洲第一台饱和出光的红外自由电子激光装置。经过由王淦昌、王大珩、陈能宽、陈佳洱和张厚英等专家教授组成的鉴定委员会进行的鉴定，确认它的总体和四大关键技术的性能均达到当时国际先进水平。该年末，被评为我国科技十大新闻之一。1994 年科学院授予此项工作科学技术进步奖特等奖，1995 年又获得国家科学技术进步奖二等奖。后来自由电子激光国际会议也决定将 1997 年年会在中国北京召开。我国的自由电子激光的研究成果在国际上终于占有了一席之地了。

此后北京自由电子激光装置的发展方向很自然是向用户开放，提供使用。到 1999 年它已能每年供光约 500 小时，供几个研究所和大学使用。迄今已使用于中红外光电功能材料研究 16 个课题，半导体材料研究 5 个课题，诱导化学分子结构变化 196 样品，生物组织效应 3 个课题。

六、经验教训

在北京自由电子激光装置研制的过程中，我是怎样克服重重困难，与同事们一齐完成这个艰巨的任务的呢？我个人的感受如下。

1. 分析工作的技术特点和我国的科技水平，开展科技路线的比较研究，找出在我国具体条件下最有把握的突破方式

要开展红外自由电子激光工作，我国有关的技术空白是哪些方面呢？首先是如何形成微束团和保持微束团的方法，再就是研制扭摆磁铁及其性能测量，这些对我们来说是从没有经验的。

自由电子激光需要有一个电流很大（约为几十安培）而时间很短（约为几个皮秒）的电子束团注入加速器中进行加速。在国内、外已有的电子直线加速器中，一般对注入束团也希望占据较少的相位区间来获得较好的能谱。经典的办法是把从电子枪射出的连续的电子束，经过一系列的措施来压缩相位宽度，但并不需要像自由电子激光那样达到只占几度相位（几个皮秒）的要求。更重要的问题是把这些束团加速到几十兆电子伏的同时，必须保持束团有极小的散角和能量分散。在各种可能的选择中，常规电子枪有相位宽度较大的缺点，而一种新的产生微束团的方法，是在1984年发明的热阴极微波枪。它使用热阴极在谐振腔中发射电子。它的优点是可以比较简单地提供红外自由电子激光所需要的束团性能，但有平均电流不大的缺点。1987年，又出现了光阴极微波枪的新发明。它使用强激光照射位于谐振腔中的阴极来发射电子。可以产生很大的电流，同时只有很小的束团发射度。但光阴极要在极高的真空条件下工作，并且阴极寿命很短，最为重要的是，它对用以照射阴极的激光器有一些很严格的要求，因此，20余年来，这个光阴极微波枪至今仍在研究、发展之中。

以上是我们在技术路线的选择上遇到的情况。就是要在常规电子枪、热阴极微波枪、光阴极微波枪三种方案中进行决策。常规枪投资较大而性能难以保证，光阴极微波枪投入极高而技术尚不成熟，因此，经过反复考虑，我选择了热阴极微波枪这条技术路线。

2. 在我国的具体条件下，发展高科技研究，应重视核心技术的实质问题，在不影响关键性能的条件下，提倡因陋就简的精神

一位曾获诺贝尔奖的实验物理学家曾说过："做实验先从废置器材堆中找些可用的部件，搭成装置，检验原理……"（大意）我是深深同意这个观点的。当然，时代不同，现在我们首先要尽可能进行计算机模拟了。

但他说的因陋就简以节省经费和时间的精神仍然是正确的。例如，如上面提过的，我们研制北京自由电子激光装置的初期，为了争取时间，就是在当初 30 多年前我回国之初建造的一台 30MeV 直线加速器上进行的，经过 30 年的岁月消磨实验装置虽然已相当陈旧了，但是它的加速管和偏转磁铁都还能照常运转，并不影响核心工作的开展。

1997 年国际自由电子激光会议在北京召开时，参加会议人员曾到我们实验室参观。后来从侧面了解到，一位美国科学家曾说过："他们在这么简陋的条件下，建成这么精尖的装置，简直是个奇迹。"我觉得我们国家百废待兴，科研工作者应该学会把钱用在刀刃上，要把人力、物力、财力集中在与最终性能有直接关系的环节的研制上，"好钢用在刀刃上"，才能抓住主要矛盾，以较少的投入取得较大的成果。

3. 在关键环节要有采用世界前沿、先进的技术路线的勇气

如前所述，研制自由电子激光需要加速器产生性能极好的束流品质，它远高于一般加速器应用的要求。束流品质不够好是许多自由电子激光研制者失败的关键。在国外自由电子激光研制者中有句"行话"，就是："有一个好的束流，就有了 FEL。"而产生好的束流，关键是注入器。我们采用的热阴极微波枪，当时只有马迪成功地使用了它，采用这种非常规但先进的方案是有一定风险的。我考虑再三，觉得为了推动科技进步，这个有一定风险的尝试是值得的，不应该使我们望新而却步。后来证明，尽管它有困难需要克服，但却为我国这台装置的成功运行起了关键性的作用，并且为以后其他单位采用和发展光阴极微波枪积累了宝贵的经验。

4. 要有锲而不舍的精神，愈是精尖的技术，愈不能希望一蹴而就；要能不怕挫折，顶住物议；做出原型，然后不断地改进提高

例如在热阴极微波枪的实践过程中，我们确实遇到了很大的技术困难，耽误了进度。因此对此技术路线有人提出怀疑和批评，指责我采用了不成熟的技术方案。后来我们经过不懈的努力，终于发现了问题所在，顺利地使北京自由电子激光装置出光并达到饱和。

像这样的问题还不止一个，如我们的扭摆磁铁，为经济起见，最初使用了钕铁硼材料，这是适合我国资源条件的选择。但厂家的产品质量优劣不齐，我们使用的产品居里点很低，抗辐射本领不高，因此在使用中尽管最初工作良好，但随着使用时间的增长，性能就逐渐蜕化了。因为过程是十分缓慢的，问题暴露也就不是那么容易了。当然此事也给工作带来不少的麻烦。但我们最终发现症结所在并加以改进了。

5. 要大胆地使用干部，寓“培养”于“使用”之中

进行像“自由电子激光”这样前沿的、复杂的科研工作，对我们缺少经验的人员队伍而言，学习显然是我们的首要任务。

但关于学习，也有不同的看法。有人把“学”与“做”看成两个截然不同的阶段，要“学”好了再“做”。但试想对“自由电子激光”这种尚不成熟的科研课题，又到哪里能系统地学习到全部的有关知识呢？我们虽然也曾到国外短期访问、学习过，但也深深感到，迥然不同的环境不允许全部照搬人家的方法，必然要在自己条件的限制下，解决自己的特定的问题。

就个人体会而言，“自由电子激光”对我完全是一个要从头学习的领域，但我坚信“边干边学”这句话，不是“学”好再“做”，而是通过“做”来“学”，我深信这是更为有效的方法。

附　录

1993 年北京自由电子激光装置加速器部分

1993年在北京自由电子激光装置控制台前

1993年在北京自由电子激光装置的加速器输出端

1993 年在亚洲第一个出光的北京自由电子激光装置鉴定会上
（左起王大珩、谢家麟、王淦昌）

1993 年与王淦昌院士（右）在北京自由电子激光装置鉴定会上

谢家麟在罗马举行的1996国际自由电子激光会议中演讲，
介绍中国自由电子激光发展情况，争取1997国际会议在北京举行

1992年在北京自由电子激光实验室与工作人员讨论问题
（左起黄永章、谢家麟、庄杰佳、王钢）

1992 年与室内工作人员讨论问题
（左起王兰芬、黄敏、钟元元）

1997 年在北京国际自由电子激光会议中向与
会者介绍北京自由电子激光装置

第十一章　国际合作的“前馈控制”研究

一、美国布鲁克海文国家实验室加速器实验装置

上面提到在1987年庆祝王淦昌先生生日的学术报告会中，我曾作了一个关于“自由电子激光”的报告，这可以说我从理性上认识到“自由电子激光”的出现对科技发展的重要意义，开始调研文献，并希望能引起国内科学界的注意，也应开展这方面的工作。但那时我对它还只有理性了解，因此迫切希望能从实践上对它有所认识。此时得知布鲁克海文国家实验室正在一个名为加速器实验装置（accelerator test facility，ATF）上进行自由电子激光的研制，而主事者是我很早就熟识的意大利裔美国科学家佩莱格里尼教授（C. Pellegrini）。他是首先提出实现X射线自由电子激光的“自放大自发辐射（SASE）工作模式”的理论家之一，因此就和他联系进行合作研究的可能性。他很快地约我前往布鲁克海文国家实验室参与这项工作。这样，在完成北京自由电子激光装置的总体设计之后，在大批部件等待工厂加工的间隙，于1989年我就和学生张仁善到布鲁克海文国家实验室去进行合作研究，希望在他们的自由电子激光装置上能得到点实际的感性认识。张仁善原是我的博士研究生，他不但精通业务，能力很强，而且为人忠厚老实，尊师重义，是一个十分难得的干才。

在到那里之前，我在8月29日先来到斯坦福直线加速器中心，与潘诺夫斯基（K. W. H. Panofsky）教授、里斯特（Burt Richter）所长、文尼克（H. Winick）教授、魏德曼（H. Wiedermann）教授、格雷格（Greg. Loew）教授、金兹顿（E. Ginzton）教授和卡德罗（M. Chodorow）教授等师友小聚，免不了一番应酬，一直到9月11日才到达布鲁克海文国家实验室。

第二次世界大战时期布鲁克海文国家实验室原是一个占地广阔的兵

营，从住宿区到工作区要走很远的路。我到达后第二天由住处在骄阳之下步行到实验室去时，感到十分吃力，幸好半路上有一辆汽车停了下来，原来是旧相识的同步辐射部（NSLS）主任斯廷伯格（Van Steenberg）教授，他把我送到实验室。这时我才意识到迫切需要交通工具。于是我先买了一辆摩托车代步，后来又买了一辆二手汽车，总算解决了交通的问题。

ATF是同步辐射部的一个附属的但又相当独立的很小的单位，但其性质却是高度研究性的。它的主要设备是一台70MeV的电子直线加速器，加速管和一些部件全都是由高能所购买的。正式雇员除了小组长柯克（Harold Kirk）之外，就是从以色列才来不久的伊兰（Ilan Benzvi），以及编制在同步辐射室的两位工程师巴彻勒（Ken Bachelor）和西罕（Joe Sheehan）。研究生有两三人，中国学生王西杰就是其中之一。王那时正在做利用史密斯-泊塞耳（Smith-Purchell）效应产生辐射的论文。他的勤奋努力的工作精神给我很深的印象。现在他已是自由电子激光这个领域的知名的专家了。在我们熟识之后，发现他的岳父是沈善炯院士，沈是当今中国科学院上海生命科学研究院植物生理生态研究所的著名科学家，而在20世纪40年代在加州理工学院读书时，我俩曾住同屋。此外，那里实验室里有两名技工，凡是设备安装、水电、准直等都是他俩负责，十分能干。布鲁克海文国家实验室的科技队伍有三个层次：一是科学家，负责产生新的思想，进行物理计算；再就是工程师，负责实验装置设计，购置器材，指导安装；最后是技术员，负责安装等具体工作。后者要按时上班，加班可领加班费。另外那两类人员，上班时间的伸缩性较大，但加班是没有加班费的。这种组织方式，我觉得还是能有效地运转的。每周五组里举行一次组会，提供啤酒、薯片、咖啡等小吃，大家边吃边谈，交流彼此的工作进度，提出各自的看法和意见，十分随便。参加与否也没有硬性规定。我记得有一次在会上讨论电子束团长度的测量时，我就得到启发，把即席想到的一个十分简单的，使用加速场相移来测量束团宽度的方法，说出提供讨论。后来经过实验测量，结果竟与使用特殊装置测定的结果基本一样。这种轻松地讨论学术问题，互相启发，我觉得是很好的一种形式。

ATF的规模和设备与国内一些实验室相比，并没有什么特殊，但它成立至今，产生了很多的国际知名的成果。据最近统计，它正支持十几个前沿的课题进行实验。反观我国有些用很大力气建立起来的实验设备，常会搁置在实验室里，使用者寥寥无几，工作冷冷清清，令人痛心。

我在ATF访问工作期间，一个突出的印象是科学仪器公司的推销员和技术员在科技研究中竟然起到了积极作用。当时我买了一台任意函数发生器，首先由推销员送货上门，他帮我挑选需要的型号并演示简单的使用方法。但因我要做的工作非同一般用途，超过他熟悉的范围时，他就介绍我用电话与厂内的有关技术人员讨论。遇到具体困难时，技术人员就在厂里摆出与我使用的同样型号仪器和试验条件，双方同时操作，用电话联系操作步骤，观测仪器上的指示和示波器上的波形，问题就很快地暴露而得到解决了。我觉得这个方法，在仪器日趋复杂、说明书愈来愈厚的情况下，对推动科研工作是十分有利的。

我到布鲁克海文国家实验室原是希望在自由电子激光方面得到实践的机会，但不巧的是由于光阴极微波枪的激光装置工作不稳，他们的进度计划一拖再拖，只好在准备条件上先下工夫。这时发现直线加速器的性能不够理想，我和张仁善两人就全力投入到加速器性能的改进上了。

二、“前馈控制”研究

ATF的直线加速器的性能不能满足他们的自由电子激光的要求，也就阻碍了我去观摩的初衷，只得帮他们先解决这个“拦路虎”。我们经过了一段时间的努力，使用了一个创新的“前馈控制”方法①，终于圆满地解决了这个问题。

这个想法首先是由伊兰提出来讨论的。在我与斯坦福直线加速器中心的控制专家史瓦兹（H. Schwartz）联系后，了解到他们可以提供需要的

① 我们知道电子直线加速器产生的电子束团的性能，取决于输入的微波场的振幅和相位的变化。如果速调管工作在连续的直流电压下，电压幅度又十分稳定，则它产生的微波场和加速器产生的束流性能就会稳定不变。但是，实际上加速器是由大功率速调管提供微波场的，而大功率速调管又是由调制器产生的脉冲高压供电的，由于种种原因，这个脉冲电压既不十分稳定，脉冲期间内也含纹波起伏。这样，加速器束流性能就会受到影响，有些波动。这点波动对一般应用是可以容忍的，但却超出实现自由电子激光的要求。另外，由于使用的脉冲宽度是微秒级的，而加速系统的部件的响应时间常数也是微秒级的，因此大家熟知的反馈方法在此不能使用。要想通过对这个系统进行控制来改进性能的稳定度，就需要另辟蹊径来解决这个特殊的问题了。我们能否使用“前馈控制”的方法来解决加速器的束流性能的稳定性问题呢？

用最简单的话来说，我们研制的“前馈控制”，就是首先测出在一个脉冲内被控项目的性能与理想性能的差距，以此差距值控制一个任意函数发生器，产生一个特定形状的脉冲来调整速调管的激励功率的振幅和相位，借以补偿其后的脉冲性能与理想值的差距，从而获得理想的、稳定的加速器束流的性能参数。

微波元件，便与张仁善具体研究实现的方式，而投身于这个崭新的直线加速器的控制方法的研究了。结果我们经过一段工作，证明了在电子直线加速器中，这种前馈方法是非常有效的。

当然，对任何新生事务的认识和被接受都要有一个过程。在1991年7月美国能源部组织了一个专家组到布鲁克海文国家实验室检查该所工作，所长赛缪斯（Nick Simus）要我代表布鲁克海文国家实验室把前馈工作报告一下。在报告时专家组的一位教授就对我报告的前馈方法提出异议，认为这是不可能达到控制目的的。我们展开了辩论，直到我把每一环节的实验曲线都给他看了之后，他才无话可说，表示同意。美国学术界尽管作风上也有诸多的弊端，但学术自由、公开讨论，直来直去，把对事与对人分开的风气，给我很深的印象。我觉得这种直接质疑和答辩对发展科技是非常有益的。那种只能背靠背地议论，而不能面对面地讨论的做法，是很难把一个科技问题说得透彻、澄清正确与谬误的。

后来我在访问斯坦福直线加速器中心时，潘诺夫斯基教授要我把这项“前馈控制”在那里报告一次，并且由他亲自主持会议。显然那里的科技人员对这个加速器性能改进新方法还是很感兴趣的，会议厅坐满了听众，后来者只好站在那里听。报告完了，潘诺夫斯基提了一个使我难以回答的问题，就是我为什么不把这个方法用到北京正负电子对撞机上呢？

在布鲁克海文国家实验室研制工作中，我也碰到一次几乎致命的电击。就是当我与张仁善调节调制器的人工线的节数以获取较好的脉冲高压波形时，我们取消了最后一级的电感线圈以减少一级人工线，这样最后那个高压电容器的电极是悬空的。但在波形测量之后，我将电感线圈再行接上时，受到了严重的电击，我当时明确感到心脏的不适。后来看到斯坦福大学金兹顿教授的自传，他说曾受高压电击，心脏几乎停止跳动，是靠着马上跑步缓解的。

这是我的科技生涯中第三次遭遇危险了。第一次是在昆明研制高频、高压装置的过程中，泄流电阻断了线引起的。第二次是在斯坦福大学做博士论文时，我用玻璃缸钎焊部件时，焊件不幸滑落，在白热的焊件坠经缸口氢气与大气的界面时，引起爆炸，把我的眉毛、头发都烧了。在布鲁克海文国家实验室算是第三次，但起初我们都不解其中原因，为何空置的电容器会有高压？后来还是西罕工程师提出解释，说那可能是由于高压引起电晕放电，使那空悬的电容器充了电的缘故。

三、布鲁克海文国家实验室的生活点滴

在布鲁克海文国家实验室那段日子生活是很充实的。首先实验室有很多中国来的访问学者。仅高能所就有叶铭汉、徐建铭、王友智等人。后来中国科学院理论物理研究所郝柏林也携眷前来讲学。附近纽约大学石溪分校更是有众多的中国学生，纽约地区的华人就更多了。高能所的何龙、侯儒成都在领馆工作。1990 年，他们带领中国代表团来布鲁克海文国家实验室参观，我常奉陪末座。著名科学家李政道、杨振宁、袁家骝、吴健雄等都不时谋面小聚。生活是活跃而不寂寞的。尤其是有机会结识多位成就优异的国际上知名的物理学家，如与塞缪斯、帕勒默、伊兰等不时过从，获益良多。这时二儿亚宏，在拜尔实验室工作，住在新泽西州，相距约 130 英里（1 英里＝1.609 34 公里），周末也经常驱车前往团聚。1991 年 3 月我还应纽约大学奥尔巴尼（Albany）分校物理系孙至锐教授之约到那里讲学。

说到在布鲁克海文国家实验室那段日子，我还要提到马以南女士。远在 1979 年我带领设计考察组在费米国家实验室停留两个月后来到这里访问时，袁家骝教授和翁武忠教授考虑到部分成员可能英语不熟，工作、生活需人照料，因此与研究所领导商量给我们聘请了一位华裔女秘书，她就是由台湾来美留学的马以南。后来考查组走了，但因该所常有中国学者来访，她就一方面在生物学部进行研究工作，一方面负责与中国访问学者联系。她对我国到该实验室访问学者的帮助是很大的。事无巨细，她都认真负责，帮助解决。我们在布鲁克海文国家实验室期间，不时接触，对她印象深刻。平均说来，在布鲁克海文国家实验室的我国访问学者，常有数十名之多，像她这样精明能干又极热心的人的帮忙是不能缺少的。

第十二章　一个新型电子直线加速器的诞生

一、老有所为，束流应用

2000年我已到了80高龄了，虽如三国时代曹孟德所说：“老骥伏枥，志在千里。”不过，无论精神、体力终究是力不从心了。但还总是想做点于国于民有益的事，而不愿陷入“饱食终日，无所用心”的状态，尽管这事不可能是什么大事了。

我从事与电子直线加速器有关的科研工作已50余年。在全世界约有15 000台（2000年统计）的各种带电粒子加速器中，电子直线加速器的应用是最为广阔的，约有5500台之多。除了作为核物理、高能物理的研究工具外，电子束本身或者用它打靶产生的韧致辐射与物质作用，会因电离或激发，产生物理、化学、生物等变化，广泛使用于肿瘤治疗、材料变性、食品辐照、无损探伤、杀虫灭菌、环境保护等方面。据统计，在工业辐照方面：1997年美国仅经过辐照处理的热缩材料年产值，就达1197亿美元，占GDP 1.4%；日本在汽车轮胎硫化辐照年产值达715亿美元，占GDP 1.7%。在食品辐照方面（1997～2000年）：美国仅香料、调味品的年产值即为1.46亿～32.02亿美元；日本用在马铃薯发芽抑制上，年产值为0.16亿美元；我国利用辐照在食品和医疗用品上，2000年的总产值约为63亿元人民币。由以上举例，可以看出辐照应用对国民经济发展的贡献是相当可观的。

从辐照源角度来看，辐照设备可以是放射性同位素钴^{60}或者是电子加速器。钴^{60}的可靠性高、无水、电消耗、使用简便；但一般说来它有剂量分布均匀度差、运输防护、废品处理的问题，而且辐照时间长（常以小时计）。加速器使用时则有水、电消耗，维护也比较复杂；但它有辐照时间短（常以秒计），使用电子束时在射程内剂量分布均匀等优点。在价格上美国能源部曾有估计，即对同样的辐照能力而言，加速器的价格为100万～300万美元，而钴^{60}为300万美元。相差不是很大。可以说两者是各有优缺点的。事实上，在科技领域常是有多种手段可以达到同一目的，同时又是各有其局限性的。我国因自20世纪50年代即已使用钴源进行辐照应用，长期习惯相沿，使用较多。而近年国际上发展则以加速器为主，特别是在高分子材料改性等方面。在10MeV能区，则又以电子直线加速器为主。但这种直线加速器也有它的局限性，就是结构复杂、操纵、维修不易，而且造价甚高。

我几十年来在心中孕育着一个问题，就是低能电子直线加速器在科研和生产中的应用是加速器中最为广泛的。但是它结构复杂、价格高昂、需要较高水平的维护人员。我们能否简化它的结构和使用要求，减小装置的体积和重量，减低它的造价，以便更能扩展它在国民经济和科技研究的应用呢？也许简化后的装置，会使它在当今尚未出现的应用中成为可能。因为大装置能够小型化，就会有新的发展和应用的前景。

二、创新四步曲

80岁过后，我可以自由支配的时间愈来愈多了，也就能认真花些时间考虑这个问题。查阅了一些文献才发现，从20世纪60年代就有不少的加速器物理学家在思考这个问题。我看到有些学术论文探讨如何简化电子直线加速器，也有些这方面的专利。但看了这些材料，发现有的是需要发明新的特殊部件而目前无法实现，有的则只是一个小环节的改进，并无本质的简化。我经过长期的思考，终于产生了在整体结构上有所创新的，简化电子直线加速器的想法。

电子直线加速器的工作原理前面已经描述过了（见第四章脚注）。它的结构简单地说是由加速管、微波功率源和电子束团源三个主要部分组成。一般在应用较广的电子直线加速器中，微波功率源都是使用一个大功率速调管，在加速管中产生加速场；电子束团源一般是由电子枪、预聚束器、聚束器等部件组成的。电子束团源将电子束团注入加速管中进行加速。这就是常规的电子直线加速器的工作方式。我的思路是把微波功率源与电子束团源两者结合起来，成为一个整体，甚至使加速管与速调管构成自激系统，这样就可以改变电子束团源系统和激励源系统的并立，因而简化了结构，减轻了重量，提高了性能，降低了造价①。

根据以上设想的思路，从基本的物理图像出发，我进行了简单的数学分析。这就迈出了发明的第一步。我们知道，音乐家使用音符组成美妙的音乐，诗人凭借字句的安排咏出千古绝唱，而加速器研究者，就是利用电磁场和其中的粒子运动的规律与安排，组成有新的功能的器件，推动科技的发展。凭借简单的物理概念和分析，是我向目标迈进的第一步。

要进一步考虑这个问题，首先需要从原则走向具体，也就是要先选择一个大功率速调管，来研究其中电子的运动状态，特别是用毕束流在收集极处的情况。

在我们实验室中有一个由中国科学院电子学研究所研制的功率为5MW的速调管，和与它配套的调制器。原来是为进行北京自由电子激光装置热阴极微波电子枪单独馈电的实验使用的，这时正闲置在那里。我就决定利用这套调制器和速调管进行实验研究。使用5MW速调管并不是最能显示本方案优越性的选择，但却可以节省大量的经费和时间。

此时电子所微波管研究室的沈斌正好在进行一个新管的研制，他在使用一套引进的二维半的计算机程序。我就请他把这个速调管在收集极处电子运动的情况进行了模拟。根据模拟的数据，又由我的博士研究生王发芽进一步分析了受磁场偏转后，通过一定大小光阑的电子流的强度、能量和发散角度等性能。计算结果使我们很受鼓舞。这是我们摸索前进的第二步，即使用计算机进行模拟计算。

计算机模拟的结果虽然可以在一定条件下反映实际情况，但终究它与实际情况不是完全等同的。因此，我决定对这新设想的装置的关键环节进行实验检验。就是想对经过偏转磁铁后，速调管的用毕束流的性能

---

① 微波功率源中的大功率速调管是由在聚焦磁场内的输入腔、几个中间腔和输出腔组成。输入腔又由晶体振荡器、放大器和脉冲放大器产生的微波激励，在输入腔的间隙产生高频振荡场。把由管子阴极发射的，在高压脉冲内连续的电子束的速度加以调制，形成束团，在输出腔间隙将束团内电子动能转换为微波能量，作为微波功率输出，经过波导传输系统送到加速管，供加速电子之用。我的想法是输出腔既然由电子束团激发了高频场，那么一定有些电子在速调管输出腔间隙被加速，这部分被加速的电子是否可以挑选出来用以作为加速器的电子束团源呢？如果使用偏转磁铁只许能量高的电子通过，则挑选的这些电子，不但能量较高，而且只占很少的相位区间，这样就可以省掉聚束器等一些部件了。当然，这部分电子的数目不会很大，因为多数电子经过速度调制而集中到减速相位了。但是一般说来，在加速器中只要有少量注入电流即足敷用。这种新设想的装置与常规的电子直线加速器相比，注入加速管的能量较高，注入电子在相位上较为集中，因此应该有更好的能谱和更低的辐射本底。同时，若把加速管与速调管经过反馈构成自激系统，又可省掉激励源而组成稳频的自激振荡体系。

进行实际测定。如在指定的光阑尺寸下测量平均电流、微脉冲电流和能量，以便作为最后敲定这种新型加速器的可行性的依据。此实验基本肯定了计算机模拟的结果。说明这个新设想值得进一步推动。我们将结果在《高能物理与核物理》和美国物理学会的《科学仪器评论》上发表了，其目的就是想知道更多的国内、外专家对此新设想的看法。杂志接受了我们的文章，多少增加了我们对此设想的信心。这是我们向目标迈进的第三步。

为了要证明这个新型加速器的实际性能，我们还需要进行最后一步工作，就是要研制一台实验室内的样机。为了这个目的，我们发现还需要研制一种特殊结构的相移器，来适应“紧凑”的要求。在加速能量上我们选定为10MeV左右，这样一台加速器，一般也要几百万元的投入。为了节约费用，我们精打细算，因陋就简地进行了试制工作。希望用最快捷、经济的方案检验根据新工作原理构成的整机的性能。这就是我们考验创新思想的第四步。

三、产业化的艰巨历程

这个新型加速器的概念我曾在高能所作过报告，虽然报告后的讨论我未参加，但我猜想大家目前任务很重，这个新设想实现起来难度不小，效益可能不大，国外并无先例，成败尚未可知，因此未得到很大的注意。不过所领导还是在高能所“知识创新研究”项目下批给我一些经费，使我得以启动。

这个设想并不是什么原理上的重大发明，但为了鼓励我国科技队伍由“跟踪”向“原创”方向发展，我认为还是应该尽量创造条件使它付诸实践的考验。不过，要完成前述四步工作，最后研制出一台新型加速器，是需要一定规模的经费和人力的。在经费方面，我又申请了国家自然科学基金的资助。虽然对课题性质而言，这两项经费投入仍感不足，但我可以借用一些陈旧器材以节约费用。关于人力：在中国科学技术大学王相綦教授的帮助下，我找到了一个联合培养的博士生，他的名字是王发芽。后来证明他是一个非常聪明、能干又苦干的学生。他对这项发明的实验验证起了重要的作用。所以我以我们俩人的名义申请了发明专利。在只有我们俩是全时投入的工作人员的情形下，再加上自由电子激光研究室个别人员的支援，这项工作也就可以因陋就简地一步步向前推动了。

2004 年与博士生王发芽在简易电子直线加速器前

目前这个新型加速器已经在实验室的条件下研制成功，并且已经全部建成运转，处于性能改进、提高的阶段了。我有两位博士研究生罗小为和鲍煜曾在上面工作。当然，在实验室内的实现，并不等于得到了推广应用。其间还有一段我们并不熟悉的但十分关键的推广之路。邓小平曾提出我们要“发展高科技，实现产业化”，因为付诸实用才是技术研究的最终目标。

2004 年召开的第 12 次中国科学院院士大会期间，位于深圳的院士活动中心发出通知，希望院士们能将各自的创新成果向产业界介绍。我正在考虑这个简易、高效、低价的加速器如何能对推动国民经济的发展起到应该有的作用，因此就填了登记表报了名。

此后经过了多次的联系，了解到中国科学院院士活动基地，是在 2001 年由中国科学院与深圳市政府合作创建的。其宗旨之一是协助院士将各自领域中取得的科技创新成果在深圳实现产业化，这正是把我这项研究课题推向社会的桥梁。深圳市近年还每年举行中国国际高新技术成果交易会，很自然两院（中国科学院和中国工程院）院士项目推介活动也就被安排在 2004 年 10 月召开的“高交会”期间了。

在这次推介会中，共有五位两院院士推介了七个项目。在 10 月 14 日分别作了报告。15 日，深圳市长园新材料股份有限公司因业务与我的报告有关，又特地约我到公司作了一次报告。这个公司主要经营高分子功能

2004 年在深圳两院院士项目推介会上

材料的研究开发，在电力、电子、通信、防腐、精化五方面形成产品系列。技术内容主要是热缩材料，是电子加速器辐照的主要应用领域之一。因此他们使用了五台低能加速器。两台由俄罗斯进口，三台由上海制造，能量都是 2～3MeV，平均电流较大。我们研制的项目能量在 10MeV 左右，正与他们的已有设备的性能互补。因此公司领导表示很感兴趣。但可惜他们是使用单位，并无生产加速器的能力和计划。对实验性科研工作我有一个个人的看法，就是对不成熟的新事物要投入较少的人力来进行探索，看它是否有实现的可能，而当现实可行性得到证实后，则应投入较大的力量进行研制。目前这个新型电子直线加速器可以说可行性已得验证，因此我很希望能找到发挥它的特点的领域，加以实际应用。什么是可以发挥这种加速器应用的领域呢？我个人认为就是小型低能、强流的产生电子、X 射线、中子等特种光源的研究和进行物理学和国民经济的应用。这些应用一般需要结构简易、能量在十几兆电子伏量级的装置。

近来已有制造电子直线加速器的单位对这种新型装置表示兴趣，提出讨论。我们研制的初衷总算有希望得到满足，使电子直线的应用有所发展了。

我们经过这一番走向市场之路的摸索，深切地体会到从科研成果到产业化的路程的复杂性。自然科学基金等在支持创新研究达到原理验证、发表论文以至申请专利的阶段，是起到了重要的作用的。但要使之能产业化，以促进国民经济的发展，则必须做成产品，再通过一些其他的制约环节，才能获得风险投资，走向市场。投资者首先要看到产品样机确能工作，肯定可以获得预期的效益，才肯投资。但是，由创新成果发展到产品样机，中间存在着操作和资助上的空白。美国一些政府部门设有名为“小企业创新研究”（Small Business Innovative Research，SBIR）的基金，无偿地资助较小的科技成果向生产转化，对推动美国高科技的产业化起了不小的作用。我国科学技术部也设有“科研型小企业创新基金”，原则上可能在一定程度上弥补了这个空白，促进科技成果的产业化，推动我国经济更多地向有自主知识产权的技术密集型的领域发展。希望这个举措能真正发挥它所设想的作用。

第十三章　交游散记

我在今天人生旅途的末一段，可以给自己的一生加以总结了。就是：第一，我热爱文化灿烂、历史悠久的祖国，热爱自己的研究工作，最大愿望是要做一个对国家、对人民有用的人，求学的目的是“学以致用”；第二是在政治上十分幼稚，从小深受五四运动提出来的“德先生、赛先生”救国口号的影响，希望说的话能代表自己真正的认识和思想，做起事来，只顾埋首拉车，拙于人事交往，缺少斗争性。我想根据这两点，就可以解释我一生的一切所作所为了。

我在国内、国外从事科技工作逾60年，曾先后有幸到过国内各大学术单位，和国际上欧、北美、亚、南美等洲的11个国家的实验室访问，进行学术活动。接触到一些国内、外科学界的概况和科学家的言行。对国家科技的发展、人才的成长，影响科技的文化底蕴、规章制度的得失等有关问题，略有体会和感受。这里另辟篇章，记人记事，同时记录我的一些思想的点滴，作为本书的结语。

一、兰州近代物理研究所与中国西部之游

1987年，杨澄中先生因病故世，兰州近代物理研究所由原来在原子能所工作的魏宝文主持。他们突破了各种困难，建成在世界上屈指可数的三叶草重离子加速装置，取得了令人瞩目的科研成果。我曾任该所的学术委员会副主任，主任是胡济民先生。一次我前往开会，他们的进展与成果，给了我深刻的印象。会后有机会游览了敦煌胜迹，看到了锦绣河山，体会到中华民族悠久的灿烂文化传统，我不禁慨慷系之。深感我们后代不应只吃辉煌过去的老本，应该把祖先业绩发扬光大，要抓紧宝贵的时间，努力赶上世界的前沿，做出不愧炎黄子孙的贡献。曾写小诗明志：

1985 年在北戴河与杨澄中教授

老来藉会到凉州，千古烟霞眼底收。
绿被兰山左氏柳，雄关嘉峪古城头。
黄沙漠漠丝绸路，白雪凝凝川水流。
石室宝藏观止矣，跃登天马莫淹留。

大儿谢亚宁见此诗甚爱，乃托我的同学老友国际著名文物家王世襄写成横幅，时王已染目疾，勉强应命，但仍是笔力浑厚苍劲，遒健非凡。

在 1987 年 6 月，我与绪馣到成都参加了由微波电子学专家、电子科技大学校长刘盛纲主持的“国际红外与毫米波会议”，会后趁机加入一个旅游团到九寨沟一游，实在应当感谢这次会议的机会，使我们一睹天下少有的不啻仙境的自然美景，令人终生难忘。

二、我国的几台同步辐射装置

提到同步辐射，我国已有四台装置。一台是高能所北京正负电子对撞机的能量较高的兼用设置，另一台是合肥中国科学技术大学的能量较低的专用设置，第三台是台湾同步辐射研究中心的装置，第四台是专用设备上海光源，于 2009 年建成。

合肥同步辐射装置建筑初期，由合肥中国科学技术大学副校长包忠谋主持。他勤奋、敬业，对该装置的建成做出了巨大的贡献。他请我做工程总顾问，因此对那里情况，略有了解。他们营建之初，为条件所限，并没有成熟的科技专家参与其事。几位技术骨干都是年轻人，如何多慧（后因其成就被选为中国工程院院士）、金玉明、张武、裴元吉等人。他们事前并没有建器的经验，但凭着奉献、勤奋的精神，终于克服种种困难，挑起大梁，建成这个精尖的科研装置。这件事情留给我很深的印象，就是青年人有巨大的潜力，这是进行任何事业需要考虑的因素。

在1997年我应袁家骝先生之约，由台湾同步辐射研究中心陈建德主任邀请前往讲学。陈在美国拜尔实验室曾与我的二儿谢亚宏同事，他使用布鲁克海文国家实验室同步辐射装置进行过多年的研究，积累了丰富的经验。副主任萨支平（Richard Sah）是中国物理学界老前辈萨本栋先生的侄子，我们也很早就认识了。台湾同步辐射装置属于第三代装置，性能优异。袁家骝先生是该装置的指导委员会主任。他们的高级研究人员，多属美国留学生，装置建成使用，获得了不少的成果。在使用装置的同时，还进行许多相关的前沿科技研究，为装置的改进提高准备条件。我在那里作了一系列学术报告，并与贺景鸿教授就他正在进行的微波枪的课题，进行了深入的探讨。

这是我和绪鑲首次去台湾，途中经过香港时，不巧遇到飓风过境，只好停留一晚。在机场不期遇到我所同事黄涛等四位，他们是去台湾“中央研究院”物理研究所讲学的。可见那时两岸间学术界的接触还是不少的。由于时间仓促，我们在香港和台湾都没能多待，印象不深，只记得我把讲学所得的为数不菲的讲学费带在身上，而在参观一个百货公司时，被扒手全部偷去了。但这扒手却还讲些义气，把只有些名片的空皮夹子丢在一个警察派出所的门口，在第二天又回到了我的手中。

三、美国几个实验室掠影

由于进行了自由电子激光的研究，结识了几位这方面的权威科学家，得到去他们的实验室参观设备和了解情况的机会。在这些实验室中，除了布鲁克海文实验室已在前面提到外，还有利文莫国家实验室（lawrence Livermore National Laboratory）、洛斯阿拉莫斯国家实验室（Los Alamos National Laboratory）、范德比尔特大学（Vanderbilt University）和加州大学圣巴巴分校等地。

利文莫国家实验室是美国氢弹研究中心，在自由电子激光的军用应用也走在世界前沿。保密情况当然也十分严格。我是应该所科学家奥采乔斯基（T. J. Orzechowski）之约前往访问，就住在他的家里。第二天开始参观，首先在保卫处照了许多相片，并由警车伴随监督。他们的自由电子激光装置使用的是电子感应直线加速器，可以加速上千安培的电子束流，规模十分庞大，是作为武器应用的样机。我去时他们原计划把机器调到工作状态，给我看看它的性能。但实际上许多工作人员在控制台前忙了一个上午也未曾调出激光，最后只得放弃演示。这事给我的印象：一方面是自由电子激光是技术要求十分苛刻的研究课题，另一方面就是电子感应加速器的电流很大看似优点，但它的束流品质很难达到出光的要求，因此这种加速器不是自由电子激光研制的最佳选择。

在一次国际加速器会议中，我认识了洛斯阿拉莫斯国家实验室加速器部主任杰姆生（R. A. Jameson），那里是自由电子激光的早期研究单位。我表示希望前往参观。他说需要向上级请示，但结果未得批准，只好作罢。在一年后，我却获准访问该所，这次是与庄杰佳偕行的。到后发现有不少中国学者在那里访问，我所冯锡章先生也正在利用他们的加速器进行一项课题研究。

这个实验室位于美国南部偏僻的荒漠地带，地形奇特。多个实验室都

1987年与庄杰佳（中）在美国洛斯阿拉莫斯国家实验室访问，
受加速器部主任邀请乘坐其私人飞机观光

1987 年在美国洛斯阿拉莫斯国家实验室博物馆参观原子弹模型

分别建在一个犹如五指的山顶平地上，彼此有深谷相隔，便于保密。据说这就是被选为发展核武器的基地的原因。通过在这里的访问，我有两个重要的收获：第一是在他们的自由电子激光装置中，加速后束流孔道中有一抽真空的小孔，就是由于这个小孔引起的干扰，束流品质受到显著的破坏。这是他们经过痛苦的挫折所得到的教训，而在一般情况下，是很容易忽略的问题。另一个收获是那时他们正在研制世界上第一个光阴极微波电子枪，正在进行性能改进的工作，看了他们的实验规模和遇到的种种困难，使我认识到光阴极微波枪，在 20 世纪 80 年代末我们建造中的北京自由电子激光装置内是不宜采用的。事实上，光阴极微波枪只是在近年来才付诸实用，而它的造价相当庞大，它的性能迄今仍在改进之中。

关于自由电子激光的实际应用，我觉得位于美国田纳西州的范德比尔特大学的装置是一个最为成功的代表。我由于认识《自由电子激光》（*Free-Electron Lasers*）一书作者布劳教授（C. A. Brau）而被邀访问。他们的装置是由前面提到的马迪组织的公司制造的，因此与斯坦福大学的型式基本相同，都是使用一节标准加速管在红外波段工作。但他们却在应用研究中，发现了使用 6.45 微米波长的激光于人体组织的切割，边缘特别清晰，可能因为利用的是分子共振效应，而使用其他波长切割时利用的是热效应。因此，他们与该校医学院合作，特别设计建筑了包括病房的实验楼，专门进行自由电子激光的医学应用研究。

位于加州圣他巴伯拉（Santa Barbara）的加州大学分校，也有一个很有特色的自由电子激光装置。他们使用的是一种独创的静电加速器，这个独特的设备工作于远红外波段，它在材料科学应用研究中大显身手，成为世界上远红外自由电子激光应用领域中成绩最为卓著的装置。

此外，由于自由电子激光诱人的发展前景，在美国新泽西州世界闻名的拜尔实验室也在 E. Shaw 的领导下开展了研究，他使用电子回旋加速器作为驱动装置，可谓别具一格，是世界上很有特色的实验平台。Shaw 告诉我，为了进行自由电子激光的研制，他多年来在周末都没有休息过，在实验室里与各方联系工作，也总是小跑着行走来争取时间，他这种敬事爱业的精神，听了让我很是感动。后因拜尔实验室调整科研方向，Shaw 转到该州一个大学任教，拜尔实验室就将全套自由电子激光装置送给他带到该大学去了。我的二儿谢亚宏，在拜尔实验室工作十余年后，在他转到加州大学洛杉矶分校任教时，拜尔实验室也把他的研究设备 MBE（Molecular Beam Epytaxy）赠送给他。拜尔实验室在停止一个研究方向时，常把实验室的大型设备无偿地赠给研究者带到他的新的工作岗位上使用，因为这些价值超过百万美元的大型科研装置，大多经过使用者多年的使用和改造，在别人手中可能就难以发挥作用了。把人和物一齐调动，对相应学科领域的发展可能是很有好处的。

四、记法国科学家勒布蒂特

我于 20 世纪 50 年代研制我国第一台可向高能发展的 30MeV 电子直线加速器时，从文献中发现了一篇勒布蒂特（H. Leboutet）用法文写的关于电子直线加速器的全面的理论性文章。立论很富新意，他采用与众不同的方法处理这个边值问题，即使用三个行波，来描述加速器的工作原理。我觉得很受启发，就决心把它翻译出来发表，介绍给我国的加速器工作者。但我的法文水平不高，常常遇到不懂的字句。幸好这时的原子能所有位法国留学归来的同事杨承宗先生，我就向他请教。杨先生对我国国防事业铀的开发有重大的贡献。他的和蔼可亲、助人为乐的精神，给我留下了很深刻的印象。在他九十华诞之际，我曾写过几句贺词：

识君五十年，科院共学研，
育英栽桃李，立功在铀源。
循循助人乐，精博复何言，
温厚长者意，纯真乐天年。

后来在一次勒布蒂特访华见面时，我提到我翻译过他这篇文章的事，他为中国学者能读到他的文章而很高兴，这是我们缔结友谊的开始。

以后他多次访华，参观我们的实验室。在几个国家举行的国际加速器会议上我们也多次相见。1988 年 4 月我在法国访问时，他请我到他工作的研究所参观，见到他的一些同事，得知他是法国电子直线加速器研制的创始人，贡献很大，因此大家称他为“电子直线加速器之父”。当时也到他家认识了他的也是科学家的夫人。那时他的眼睛视力已经出现了故障。现在与我通信的字体写得很大。我自己也患青光眼，左眼视力为零，因此与他可以说是同病相怜了。很不幸的是他的夫人也患眼疾，家里如有什么东西掉到地上，就算丢掉了，因为两人都没有视力可以看到地面那件东西，老年处境，言之令人感伤。

在后些年几次国际加速器会议中遇到他时，他已经退休了，参加会议的一切费用，都是他私人支付的。这事说明他是一个多么热爱自己从事的研究工作的人了。对工作的热爱说明了他为何能在业务上取得如此高深的

1993 年法国加速器专家勒布蒂特教授参观高能所北京自由电子激光装置

成就。正如前面提到的，他曾和我说，猫有九条命，人如果也有九条命，他将都用来做研究工作。这是对自己专业何等的挚爱呀！我国古语“九死不悔”，也正是指的这种精神。

五、韩、日之旅

1991 年由美布鲁克海文国家实验室回国之际，我应韩国浦项科技大学同步辐射研究所李东宁所长和日本国家高能物理研究所浅见明主任之邀，顺路分别前往访问。

到韩时巧值布鲁克海文国家实验室的美籍韩裔加速器专家 Y. Y. Lee 也正在浦项访问，他特意赶到汉城（现名首尔），迎接我们，并带领我们在汉城观光，热情可感。浦项的科技大学是由浦项钢铁厂捐资兴建的。校园十分美丽，有一个由高处层层下降的水池蔚为壮观。他们的学校正在研制一台同步辐射装置，由高能所协助建造一台 60MeV 的电子直线加速器作为注入器，因此有十几位所里同志在那里工作。同事们在异国相见，至感亲切，我也为他们能将北京正负电子对撞机建造的经验帮助别国而感到骄傲。浦项这台同步辐射装置的性能良好，体现了韩国科技人员的水平和敬业精神。他们对我俩热情招待，学术活动及座谈之外，还陪游庆州的大

1991 年赴韩讲学，与到汉城迎接的 Y. Y. Lee 教授在公园合影

陵苑、佛国寺等地。

在日本主要访问日本国家高能物理研究所直线加速器部，了解他们机器的可靠性情况，停留约一周。到达机场时由我所当时在那里访问的朱孚泉和大泽哲迎接，主任浅见明热情款待，在学术交流中，他们给我最深的印象就是声称直线加速器的可靠性在95%以上，见我稍有迟疑，他们便拿出运行记录本给我来看，说明他们确实是保持着这个很难实现的记录。参观、讨论之余，研究员大泽哲夫妇陪我们游览了日本著名风景区日光、中禅寺、东照宫等地，车道盘旋五十曲，登山电梯约高百米，山顶平湖，雄伟秀丽，兼而有之，蔚为大观。

记得多次访问过日本的加速器研究所，有一次是到京都一个单位访问，该所设在一个多年前废弃的小水电站里，引水孔道就在实验室内。整个研究所只有十几个工作人员，设备也很陈旧、简陋，只有两台运算速度很慢的台式计算机，但他们却做着前沿的工作，敬业精神，令人感动。参观之余，所长亲自主厨，招待我们在拥挤的图书室里吃了一顿气氛热烈的晚餐。

六、俄、乌之行

1993年8月，我与庄杰佳赴荷兰开自由电子激光国际会议(FEL'93)，途经莫斯科，并绕道访问了乌克兰的有关科研单位。首先由北京乘机飞莫斯科，深夜到达，那里机场效率奇低，等了两个小时才把行李领到手。次日到俄国科研中心库恰托夫（Kurchatov）研究所，与瓦弗娄米夫（A. Varfolomeev）教授商讨扭摆磁铁合作事宜。他领导一个小组，有10余人，专攻扭摆磁铁的设计、制造，水平很高，属世界一流。但他们经济观点很重，我们室里的经费力度远远不足以与他们展开合作研究，因此没有达成具体的协议。在莫斯科稍停之后，乘火车转赴乌克兰的哈尔科夫市，到哈尔科夫技术物理研究所多夫布尼亚（A. Dovbnya）教授处参观他们的高能电子直线加速器及有关研究。这是我们第一次与该所接触。这个研究所的历史悠久，以前的成就也是很突出的。他们有一台高能电子直线加速器，是苏联的电子直线加速器中心。但因经济困难，机器已是长久不开了。所内其他工作，也多处于停顿状态。有一位专家为了维持生活，夫人开了一个面包房，这位专家就受雇于夫人，在面包房做些杂务。科学家落入这种状态，听了使人伤感和同情。公路两旁不能完工的建筑物比比皆是，路边很多出卖红辣椒的农家，鲜红辣椒串，蔚为景观，也说明生活水平之落后。真希望他们能早日步入繁荣昌盛的经济发达国家之林。最后到荷兰海牙，再到阿姆斯特丹开会。返莫斯科后又曾到列别捷夫研究所参观他们的红外自由电子激光装置。冷清的实验室、陈旧的设备，看来这个实验室也是严重地受到财政支持不足的困扰。

在 1995 年 6 月，我去俄新西伯利亚参加在核物理研究所（BINP）举行的“亚洲自由电子激光国际会议”，这个研究所故去的所长是布德柯(G. I. Budker)，他是俄罗斯加速器方面的著名科学家，因发明电子冷却等多种原创性的技术而闻名世界。该所生产的电子感应加速器的流强居世界之首，为欧洲不少实验室所采用。我们访问时遇到两批中国科技人员，正在那里采购、验收辐照使用的低能电子加速器。在苏联时期，BINP 是一个得到重点支持的研究所。成立独联体之后，由于经济困难，他们走上“自力更生”之路，为一些西方国家的加速器建造工程承担加工任务，是“产研”结合的典型。我去新西伯利亚时，经由莫斯科转机，机上邻座是一位在研究院读书的学生，交谈之下，知他月收入约 40 美元，只敷住宿和食品之用，虽然经济困难，但仍以致力于研究工作为乐。使我对当地学

1995 年在俄罗斯新西伯利亚亚洲自由电子激光国际会议中
与韩、日、俄、美专家合影

术界的精神状态，略有了解。

一般印象，觉得这里的经济情况还是比较困难的，街上有妇女带着孩子行乞。我在新西伯利亚会议上作了报告，会后参观了研究所的工厂，市里的木刻店、博物馆，听了音乐会。所长索可洛夫（A. Sokolov）教授带着他的女儿还请我在水库中划船游览，途中他说了一件事颇给我以启发。就是他说他们的研究所正经历青年研究人员数目缺少的困难，许多年轻人大学毕业之后，就想到欧洲西方国家去工作，以求得到较好的待遇。但是研究所的业务水平并未受到影响，因为凡来所者都是真正对科研工作有强烈兴趣的人，因此尽管来的人少了，但他们的专心投入反而使工作更能得到大力的发展。这个观点与现象，给我很多启发。归根到底，创造性的研究工作是在“质”而不在“量”的，在强烈兴趣的驱动下工作，少而精也许反而更为有效。会后到圣彼得堡电物理科学研究所访问奥络夫（A. Orlov）等科学家，并参观冬宫，俄国的灿烂文化给我很深的印象。

后来，我与庄杰佳又应乌克兰哈尔科夫电物理仪器研究所多夫布尼亚（A. Dvobnya）主任之邀前往参加“全俄加速器会议”，再次访乌。这次直接由北京飞抵乌克兰，由哈尔科夫乘小舟沿黑海之滨航行，来到一个克里米亚的避暑胜地开会。会后借机到雅尔塔一游，追忆第二次世界大战历史，也看到沙皇在海滨的别墅，重温革命过程，受到不少的历史教育。

1993 年在俄罗斯新西伯利亚游览当地水库

1993 年在俄罗斯莫斯科库恰托夫研究所参观
瓦弗娄米夫教授（右一）领导的扭摆磁体实验室

1993 年访问乌克兰哈尔科夫技术物理研究所与杜布尼亚主任讨论合作事宜

七、巴西掠影

1985 年冬，巴西科学院因讨论建造同步辐射装置一事，在里约热内卢召开了一个小型国际会议，我和我所章炎教授被邀前往参加。同时中国科学技术大学包忠谋教授也应邀与会。这个会的目的可能是对巴西在圣保罗建造一台同步辐射装置决策前的探讨。中国科学院电子学研究所赵永翔教授后来曾领导该装置的研制。由北京到里约热内卢的直线距离约有两万公里，北京的冬天是那里的夏日，这是一次真正的长途旅行了。

会议的主要议题是建造同步辐射装置的意义。我记得我的发言的要旨是：一个国家的现代化发展依靠科技研究，而科技研究大体上又可区分为基础研究和应用研究，有了同步辐射装置，两方面科技研究都有可能进行，是非常值得的投入。

开会之余，我们借机在那里游览、观光。巴西是南美人口最多，面积最大的新兴工业化国家。它的资源丰富，土地肥沃，人口以人种繁多著称，有“人种大熔炉”的说法。我们在海滨散步，举目一望，躺在沙滩上晒太阳的人们，肤色从黑到白，深浅杂陈，才深感说法之不诬也。

1985 年在巴西里约热内卢艺术品市场

1985 年与中国科学技术大学包忠谋教授在巴西参加会议，摄于里约热内卢

1985 年在巴西里约热内卢与包忠谋教授（左）和章炎教授（右）

市内馒头山巅矗立着巨大的耶稣塑像，俯瞰全市。但公园的入口处却有荷枪实弹的兵士守卫，可见治安欠佳。夜晚在高楼大厦的路旁，也可以看到有些人在那里露宿，说明了社会上的两极分化。

在那里短短几天的停留中，我还在大街上看到许多善男信女，在向路旁的圣像顶礼膜拜，香烟缭绕，问了司机才知道这些人都是天主教徒，可见他们笃信之深。另外我还遇到一件事，就是在热闹的市区里，有不少手提擦皮鞋小箱的孩子，他们问你要否擦鞋，当你回绝时他却指着你的鞋子说上面有一块污垢，一看果然不错，原来这就是他们从小箱子喷射出来的，你也就只好让他擦拭了。

八、处女岛记事

处女岛位于南美洲加勒比海与大西洋之间，风景秀丽，气候宜人，是世界上出名的旅游胜地，有“度假天堂”之称。美属处女岛包括三个小岛，与英属处女岛犬牙交错。该地离美国南端的直线距离约 2000 公里，在古巴、海地、波多黎各诸岛之东。它过去原是丹麦的属地，黑奴解放之后，经济衰败，维持困难，在 1917 年卖给了美国。而美国以其成熟的商业手法，很快把它经营成一个旅游胜地。

1993 年适逢在美国拜尔实验室工作的二儿亚宏休假，他邀请我和绪

1993 年处女岛住处眺望加勒比海

饯与他全家——他、儿媳林心和两个孩子，一同到该岛小住。这时正好我在国内负责研建的北京正负电子对撞机已经顺利建成，我也很高兴趁机松弛一下。

我们一行六人，在圣诞节的严寒中从纽约机场出发，经过几小时的飞行，终于在三个岛中较大的一个名为“圣托马斯”的岛降落。下了飞机立刻遇到一个困难的问题，就是我们穿戴的是严寒中的冬装，而这时到了热带，汗流浃背，难熬难当，只好赶紧领出行李，在机场大厅找一个背静的角落，把冬装换成夏装，才摆脱了困境。

下一步就是乘跨海峡的渡船到达圣约翰岛。这是三个岛中最小的，但也是公认最为幽美的。整个岛屿基本上是一个国家公园。我们到后的第一步是租一辆吉普车，装上行李去找事前由通信租妥的寓所。在这个岛上，交通规则对驾驶人在车上的座位的要求是与美国左、右相反的，我们租的房子又在山腰上，幸好亚宏驾驶技术纯熟，所以很顺利地就找到房子，安顿下来了。这所房子有三间卧室，一个很大的起坐间和凉台。

以后几天就是在岛上各处游览了。岛上有不少的海滨浴场，我们先到一个游客较多的浴场，它与一般海滨相比除了水温较高之外没有太大区别。过一两天后我们又找到一个比较偏僻的浴场。因为偏僻，所以虽然海滩宽阔，但那里游泳的人很少，除了我们一家外，庞大的海滨只有另外两家人，天蓝水碧，海阔天空，我们在那里大自然中徜徉，泡在温暖的水中游泳，累了就在沙滩上休息、野餐，大家都感到十分愉快。

圣约翰岛是美属，离它不太远就是英属群岛。我们很想去看看那里的情景。有一天就租了一个汽艇，从一早就驾舟远游了。我们轮流驾驶，途中大概用了两三个小时。登陆之后，办了登陆英属岛屿的手续，发现岛上除了几个饮食铺店和一座小型教堂外，只有几个游人，很是冷清，使人深感英、美经营方式之差异。

我们在去该岛的途中某处，亚宏和儿媳林心曾带着潜水器潜入水下观光，发现一块礁石底下的洞中，藏有一个庞大的龙虾。在归途中再次经过此处时，他们想知道这个龙虾是否仍在那里，潜下水中一看，它竟原封不动仍旧停在原地。他们就用水中捕捉器械把它捕捉上来，带回家里。林心大展蒸调技巧，使我们享受了一顿鲜美丰盛的晚餐。

我们住处的凉台很是宽大的，面积约有三四十平方米，凭栏远眺，可见蓝色宽阔的海湾，湾中停有硕大华丽的邮船，和大小不一、形形色色的私人小艇。上望蔚蓝的天空，飘着几朵白云，悠闲宁静。后望山上，苍茫无际的林海，雾气弥漫。使人深感大自然的迷人的魅力。我们在凉台上吃晚饭，欣赏着风景，感到心旷神怡。我曾写过一诗，表明当时的感受：

1993 年处女岛度假即景

人间何处是桃源，处女明珠境可攀。
加勒比海清彻底，汤姆斯山绿无间。
华轮系港夸豪富，小艇徜徉自怡然。
最是凭栏听浪处，迎霞揽照任流连。

九、阿拉斯加之游

2000 年 9 月在由美国赴阿拉斯加的邮船上庆祝 80 寿辰与家人合影

2000 年八月初八是我 80 岁的生日，二儿亚宏请我们夫妇乘邮轮到阿拉斯加游览，以示庆祝。同时他们还邀请了他的岳父、岳母和内弟一家，亚祥的公婆，以及朋友夫妇及孩子参加，组成了一个小小的旅游团。

我们的航程是 2000 年 8 月 5 日到 12 日，由加拿大温哥华的港口出发。我和妻子早几天就到达美国，在 4 号由旧金山乘机到达温哥华，次日大家到港口登船。因为大家的舱位分散，也就各自寻找舱位分头安置了。

我们住的是能容两人的单间，除两个铺位外，有洗手间、写字台、电视机等。位于水面以下，因此在屋内不能看到海景，票价也较低廉。

这条船外形硕大华丽，是北欧所造，共有10层，其中有剧院、游泳池、健身房、图书馆、各种商店等，活动节目繁多，让乘客应付不暇。最给人印象深刻的是船上的饮食。除了一个庞大的餐厅，另外还有一个很大的终日开放的自助餐厅，均可容纳几百乘客。船上饮食十分精美，大家都在担心体重要增加了。

旅程是由加拿大温哥华到阿拉斯加往返。航路主要是沿着北美大陆边缘，以便避免外海的风浪引起旅客的不适。除了去目的地之外，还在几个地点做短暂的停留，旅客可以上岸观光。给我印象较深的是一处近观的冰川和一处大马哈鱼由海中回归产卵的情景。鱼大都是半米大小，沿着一条小河争着向上游游动，令人惊奇的是这些鱼的数目是如此之多，把河面都填满了，随手就可以抓到，岸上也零散有些由河里跳上来的死鱼，有些鸟类正在那里啄食。我在1951年在奥立根大学教书时，那里市内公园有一条小河，河上有坝，也随时可以看到大鱼跳坝，孩子们都在坝边等着那些因跳坝摔昏的鱼。这里的鱼数目虽多，却是无人食用，景象实在令人惊叹。

附　录

1980年与高能所前副所长力一（前排右二）参加会议

1980 年在美国黄石公园与费米国家实验室加速器部主任胡森乘船漂流

1980 年在美国黄石公园与前航空航天部林宗棠部长合影

1980 年在北京九院九所作学术报告前与于敏院士交谈

1980 年在哈尔滨松花江上与陈佳洱院士（左）及王乃彦院士（右）

1982 年中国科学院卢嘉锡院长到高能所视察

1982 年在法国巴黎塞纳河游艇上

1984 年与赵宗尧院士及冼鼎昌院士在会议大厅前

1984 年在法国 LAL 国家实验室加速器专家勒德福家做客

2000 年与马大猷院士（左）在学术报告会上

1984 年在德国参加国际加速器会议后莱茵河游船上
（左起谢家麟、王书鸿、周清一、罗紫华）

1985 年在北戴河召开的第二届高能物理学会第二届会员代表大会海滨留影
（后排左起赵宗尧、胡宁、杨澄中、何泽慧，前排左起叶铭汉、
谢家麟、朱洪元、郑林生）

1985 年在美国杰弗逊国家实验室与
所长格兰德在该所的超导加速腔前合影

1986 年在美国 Big Basin 公园与子女和他们的配偶及友人

1986 年与冼鼎昌（左）和庄杰佳（右）在广州泮溪酒家

1988 年在北京举行同步辐射国际讨论会中与
美国同步辐射专家温尼克教授交谈

1988 年在法国巴黎圣母院教堂前

1992 年在北京参加学术会议
（前排左起谢希德、王淦昌、谢家麟）

1990 年在美国与七妹家琦夫妇在太平洋之滨

1990 年与美国布鲁克海文国家实验室所长 Nick Simuis 教授

1993 年在北京炎黄艺术馆“艺术与科学”国际学术讨论会中
（左起谢家麟、卢嘉锡、胡亚东、李林、冼鼎昌）

1994 年在北京加速器会议的宴会厅内
（左起谢家麟、陈耀华、王淦昌）

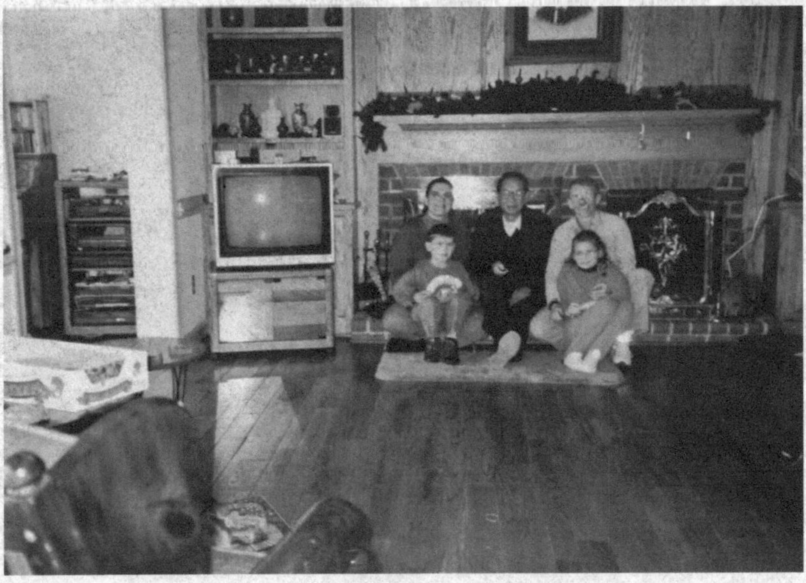

1994 年访问美国杰弗逊国家实验室，
在加速器专家尼尔教授家做客

1994 年访问美国范德比尔特大学自由电子激光专家布劳教授
（右二），并与当地乡土音乐艺术家合影

1996 年中国科学院组织部分院士到我国大科研基地进行现场考查，
图为合肥中国科学技术大学国家同步辐射装置实验室
（左一谢家麟，左二王希季，左三钱绍钧，左七闵乃本，左八胡仁宇）

1998 年与方守贤（中）、冼鼎昌（左）两院士在人民大会堂大厅

1999 年在纽约机场与二儿亚宏（左）
迎接小女亚祥（右）由欧返美

2000 年九三学社分社为谢家麟 80 寿辰祝贺

2000 年与陈能宽教授（右）欢迎来华开会的谭佳楣教授（中）

2000年与唐孝威教授在接待外宾宴会上

2004年与严东生院士在香山

2005 年与高能所部分院士郊游

（左二、三为叶铭汉院士夫妇，右三、四为李惕碚院士夫妇）

2005 年二儿亚宏回国探亲，同游云南丽江古城

2005 年谢家麟夫妇与李政道教授（中）合影

第十四章　人生感悟、青年寄语

在科技界工作、生活了几十年，很自然会对科技领域的情况和问题有一些自己的感触和看法。首先，抚今追昔，看到我国今天的科技发展突飞猛进，远远超过我年轻时代所敢想象，使我深信我们踏入科技强国的行列，是指日可待的事。在加速器领域，更是从无到有，从有到好，成绩斐然，蔚为壮观。原有北京正负电子对撞机、兰州重离子加速器、合肥同步辐射这三个大科学装置，近年则除了北京正负电子对撞机进行二期工程双环改建，兰州重离子加速器增建冷却储存环，国家合肥同步辐射装置在进行二期升级之外，上海同步辐射装置也已于2009年建成，东莞散射中子源等装置不久即将出现，X射线自由电子激光也在筹划之中。建设这些新装置的举措，必将有力地促进我国大科学的发展，在世界范围占有一席之地，这些都是令人振奋的景象。

前面提到的法国勒布蒂特（H. Leboutet）教授曾说过，他如像猫那样真有九条命，他希望用九条命都来进行科研工作，中国也有一句话，“九死不悔”，我自身对科研工作的爱好颇能使我体会到这些话的感情境界。但可惜“神龟虽寿，终有尽时”，我觉得我国加速器界还有大量的重要的工作要做，应该尽快填补空白、迎头赶上。但这些只好留待后人了。

超导加速器是加速器发展的重要方向，我们亟待发展。自从美国杰佛生国家实验室建成超导的4GeV连续波加速器（CEBAF）以后，射频超导技术已经成为一个成熟的先进技术了。因此在2004年8月国际直线对撞机（ILC）技术推荐组就推荐在ILC上采用，并得到国际未来加速器委员会的接受。这样在国际加速器界讨论多年的室温直线和超导直线的争执总算告一段落，而将ILC的建造向前推进了一大步。当然这个能量约为500GeV，长度要几十公里，造价近百亿美元的大科学工程的实现，必须依靠多国的合作。事实上，超导技术还有许多其他方面的应用。因此，无论是参与ILC的合作，或是发展其他的应用，我国都迫切需要补上超导加速器这个空白。北京大学重离子物理研究所已经迈出一步，正在开展初步装置的建设。这是重要的一步，我在 2001 年 2 月曾给北大科技部负责人写信，希望支持这个重要的新生的技术应用的第一步。

在新的加速原理的探讨中，近几年在等离子体加速上也出现了非常重要的突破①。因为在等离子体内可以由电子的位移而产生极强的电场（强度可达 100GeV/m 以上），具体实现的方法经过大约 20 年的理论和实验研究，目前知道超强（>TW，兆兆瓦）、超短（fs，飞秒）的激光（或者使用高流强的极短的电子束团）在等离子体中穿过后能产生代表电子密度波动的尾场，会俘获并加速后面的电子。这种综合等离子体、激光和加速器三方面知识的加速机制也再次说明了：重要的创新与突破，常出现在学术交叉的领域。利用等离子体中电子作振荡运动时与正离子之间的极强的电场进行加速，已经获得了 170MeV 的能量、0.5nC 的电荷，发散度和能散度都很小的束流（Nature，2004）。这个发展预示一个桌上的高能加速器已接近诞生了。这种新型高能加速器的发展，需要激光、加速器、等离子体三方面人才的共同努力。我国在这个课题的研究领域有颇为有利的条件：强、短激光在中国科学院北京和上海的研究所都有重大的发展，加速器在高能所有雄厚的基础，等离子体物理在我国也有多年的储备，深感把这三方面的人才和条件组合起来，是当务之急，抓住这个机遇，我们完全有可能在这新兴的科研领域，取得突破性的成果。

上面谈了一些我们在加速器领域发展的光辉前景，但不容讳言，我们也有一定的问题需要克服，才能促其早日实现。下面扼要地把自己的体会提出，主要是想与从事科研的青年同志们就如何在这大好形势下发挥主力军的作用，进行商讨。

一、跟踪与创新、引进与自制

“跟踪”与“创新”、“引进”与“自制”是一个关系我国科技发展道

① 等离子体是电离了的气态中存在的一种包括电子、正离子和中性原子的物质状态。在一定的条件下，正离子与电子的密度相等，它们的运动速度与方向都是任意、无序的，犹如气体中的分子运动。而整体上呈现电荷的中和。由于正离子的质量远远大于电子，对研究极短时间内受力后的运动现象时，可以看做是相对静止的，外界电场的扰动只会引起电子密度的波动。电子偏离了平衡位置时，又会受正离子的吸引，由惯性作用而冲过平衡位置，这样就会产生振荡。这个振荡名为电子在等离子体中的自由振荡。当电子做振荡运动时，它们与正离子之间就会出现巨大的电场，其强度可达 100GeV/m 以上，较目前使用的加速场强高出约 1000 倍。

路的重要问题。首先我深感在新中国成立初期进行的发展科技的经历，严格说来，多是跟踪人家已有的成果，填补国家的空白。当然这在一个国家发展科技的道路上，是不可避免的过程。但显然这并不是真正意义的原创性的创新研究。对一个科技落后的国家，要赶上别人，首先要奠定基础，打基础便需要跟踪，知道人家已经做过的工作，利用人家耕耘的结果，这个做法原是必要的，尤其是在实验领域。假如你不能建立与先进国家水平相近的基础与条件，你就无由谈“超过”，因为你完全不能理解这项工作的过程与关键问题所在。

“跟踪”的阶段是必需的，但问题在于随着国力的增强，工业水平的提高，就应该有所发展，不能满足于“跟踪”了。我国的科技研究的支出在2003年已占GDP的1.31%，这个数字虽然与有些科技先进国家的投入仍有相当的差距，但考虑到人民币的实际购买力和用于工资份额的差异，相差已经不是太多了。但以我们重要的原创性的科研成果来与科技先进国家相比较则相差悬殊，我们的科研队伍存在着如何摆脱“跟踪”而开展“自力更生、自主创新”的新课题。在科技领域只有“自力更生、自主创新”，掌握核心技术，才能脱离受制于人的局面。

首先我们需要认清“跟踪模仿”与原创性发明或发现的“自主创新”是有很大的区别的。从思想方式、研究方法、评价标准、支持体制等方面都是不同的。当然原创性也要区分大与小，科学与技术又自不同。但在思想方式上，是有路可循，还是独辟蹊径，则大小无别。“创新”允许失败，但“仿制”却不应没有结果。这些方面都说明我们急需建立一个鼓励原创性研究的体制与机制，以摆脱长期模仿的习惯的束缚。

要鼓励原创性研究，也要由小而大。梁启超曾说过：“任龙腾虎跃以度此百年兮，其成就能有几许？虽有少许兮，不敢自轻，不有少许兮，多许奚自生?”这话是很对的。因此我们要从体制上鼓励创新，不要满足于模仿，要先鼓励在小处突破，不能只注意诺贝尔奖那样高水平的工作。老老实实，养成风气。避免把人家已有的东西改头换面硬说为自己的创新，或者把水搅混，将跟踪和原创混为一谈，则重大的原创性的科研成果，必然会逐渐出现的。

实验上的原创需要有自制科研仪器、设备的能力。因为研究目标、检验对象、使用方法都非常规，当然需要新的设计思想、新的装置，新的部件。假如连一般的通用的精尖部件都做不出来，又如何能做出一些有特殊要求的部件呢？没有创新的部件又如何构成创新的科技整体呢？也许有人认为，当前开放的情况下，我们自己没有的可由国外购买，岂不多快好省？于是竞相引进，一个大科学实验装置，常常是分片由国外厂家购买，人家给做出来、安装好、调整完交我们来按电钮。这种做法，确是又好又快，提供一时使用则可，但要做成性能比引进更好的创新装置则难。因为我们没有经历它的研制中遇到的问题和解决问题的过程，也就难以做出原创的、无例可循的或性能优于国际水平的新仪器、新设备来进行新实验了。所以，除必要的情况外，我们应该尽量自制仪器、设备，培养制造业创新能力，给我国仪器制造业一个通过实践、改进提高、突破国际性能水平的机会。应该说，科学仪器制造业是创新研究的物质基础。

“巧妇难为无米之炊”，这是大家都知道的真理。但另一方面，有了米是否就成为巧妇，则需要研究。毫无问题，进行科学实验研究，愈是使用先进的仪器设备，愈容易发现新事物，取得突破性的成果，这是无可争议的。但是我们也不能将成果完全依赖于条件，用一般的条件做出非一般的工作的例子是很多的。

在加速器领域，我十分钦佩斯坦福大学的韦德曼教授，他是国际上出名的加速器专家，前面提到：在我们考虑建造北京正负电子对撞机之初，他曾连夜进行了聚焦结构的初步物理设计，提供我们参考。后来他在斯坦福大学校园里建立了一个 30MeV 的电子直线加速器实验室，以陈旧的设备，带领几个研究生做些小而精的实验。譬如在自由电子激光领域，自放大自发辐射（SASE）的工作模式是向 X 射线自由电子激光发展的关键，几个大实验室都在进行实验验证，来证明这种模式的存在。但他们用的是改变流强的方法，这将同时引起其他束流参量的变化，而韦德曼却在他的实验室，采用改变扭摆磁铁长度的方法，给出了更为严谨的证明。用一般的设备取得非一般的成果，这是实验工作者水平的表征，也是我们应该提倡的方向。

进行实验研究，需用的仪器设备有时需要性能高精，国内产品的水平一时达不到，当然只好引进，但有些中等要求的工作，完全可用国产的设备，有些单位却引进一批不必要的昂贵的高精尖设备，认为引进的设备性能愈高，实验室的水平必然愈好，这种想法就值得商榷了。且不说，实验室的水平决定于研究成果的高低，并非完全决定于设备。从整体考虑，如果一味追求引进，则国内制造业缺少用户，势必难逃萎缩的厄运。在 20

世纪 60 年代，我们成功建成大功率速调管之后（见第八章脚注），将它移交 4404 厂进行生产，结果产品供应了北京正负电子对撞机和合肥国家同步辐射实验室，起了十分关键的作用。但近来由国外引进之风盛行，该厂速调管车间日渐萎缩，维持困难，更谈不到改进提高，赶上国际发展的水平了。这种例子我相信是不少的。事实上这已形成了一个恶性循环：一些国产仪器设备的性能目前确是较逊于国外产品，因此不被采用，没有用户采用，工业就缺少改进的动力，产品性能就得不到提高，也就更没有用户了。为了在高科技领域实现真正的“自主创新”，这个状态是必须改变的。

总之，摆脱“跟踪”而进入“创新”，这是一个质的飞跃。在实验科技领域，发明或发现的过程，仪器设备的先进性，常起重要的甚至是决定性的作用。有一位外国的科学家曾说过：“你要发现新东西，必先做出新东西。”这话说明了仪器设备在实验领域的关键地位。因此，我国在必要的“引进”的同时，必须大力发展我国尖端的仪器制造业，要改变上述恶性循环的状态。而改变的办法就是在不影响总体性能的条件下，使用单位要尽量采用国产的仪器设备；而生产单位则应把产品性能的提高看成是生存的关键，并与研究所的研究力量相结合来进行改进提高。我深深希望在此唤起有关领导对此事的注意。

二、寄语从事科研工作的青年

科技创新关系到中华民族的伟大复兴。如何促进重大的原始性创新在我国涌现，以推动经济的持续发展，国力的持续增强，是当今举国上下热烈讨论的问题，下面给出个人对科技创新的规律、要求的体会和看法，以供参考。

1. 科技发展是永无止境的前沿

亘古以来，人类就不断地进行着创新的活动，推动着科技的发展，改进了人类的生产与生活。到了现代，发展的速度愈来愈快，影响愈来愈大，已成为度量一个国家、民族进步的主要标志，动态的科技的前沿正在激烈竞争中飞快地扩展。

以大家熟悉的相干电磁辐射的发展史为例：电子管的出现产生了无线电，使人类生活发生了很大的变化。但雷达定位需要更短波长的电磁波，而电子管在缩短波长的要求面前受到电子惯性的限制。于是产生了群聚原理，从一般电子管发展到微波管。但当科研和生产的发展要求进一步缩短波长时，微波管又遇到结构尺度与电流密度的矛盾，由而转向利用分子、原子能级跃迁释放能量的原理，研制成功了脉塞和激光，将波谱范围开拓到了光波。但对激光而言，能级跃迁产生的辐射波长对不同的工作物质是固定的，不易调变，而科研与应用常常需要波长连续可变的相干光源，于是又出现了基于自由电子与电磁场散射使电子动能转变为辐射能量的原理，产生了波长连续可调的自由电子激光。以上过程说明了只有不断创新才能满足科技发展的要求，维持科技向更高阶段的持续发展，把人类对自然的认识推到至今仍属空白的领域，更多地掌握自然规律使它更好地为人类服务。上面的举例，反映出科技发展的普遍规律，即首先通过实践发现已有的原理和装置的限度，并根据使用要求的指向，研究出新的工作原理和实现途径，在改进提高后达到实用的目的。而实践中不断提高的要求又会达到了新原理、新器件的极限。于是在山穷水复之际，推陈出新，另辟蹊径，就会又发明出更新的工作原理和实现方法，如此循环上升，永无止境。

详推科技发展的历史，不难发现科技创新中继承是发扬的前提这个道理。不了解前人的经过长时间积累的理论思路和实践经验，而闭目塞听追求突破，对于聪明的人来说也是舍近求远，浪费精力，甚至是不现实的。科技犹如一棵大树，树干是长年累月长期积累的结果，创新则是树干上的新枝，是新发展的起点，但却需要从树干中提取养分，也就是从继承中发展。当然，沉溺于已有的文献海洋，迷信权威的论断，而不解放思想，同样不可能有所创新。创新是对已有的认识的独立思考、大胆怀疑、严肃批判、另辟蹊径的结果。

预测在哪个科技领域或方向能产生重大的创新，以便制定策略使有限的资源得到充分的利用，这是非常有益的思路，关键是如何取得科学的前瞻性的预测。同时，我们需要注意到，在科技史中真正重大的突破有时是带有偶然性的，如人所共知的伦琴在研究阴极射线时，偶然注意到一旁的荧光屏在发光，从而导致X射线的发现。我们必须了解，科学的发现不同于技术的发明，并不一定可以纳入计划。但只要有了踏实的、多方面的、长期的知识积累和科研队伍水平的不断提高，以及科研人员全身心投入的执著追求，水到渠成，重大的原创性的突破是必然会在我国大量涌现的。

2. **理论与实验、科学与技术的相互促进**

为了有效地推进人类知识创新的进程，理论与实验、科学与技术的密切结合、相互促进是十分必要的。只是在爱因斯坦受激辐射的理论提示下才发明了激光；只是在P. L. 卞皮萨和P. A. M. 迪拉克受激康普顿辐射的启发下才发明了自由电子激光。这说明了基础性的科学理论对实验技术的推动作用。另一方面，实验技术的发展也推动了科学理论的进步，如上文提到的空间望远镜和高能加速器是实验技术作用于科学发展的明显例证。科学理论与实验技术两者的密切配合是推动创新的最为有效的途径。

实验工作要接受现有理论的指导才能避免盲目性，但最终理论是要接受实验检验的，所以又不能囿于已有的理论。即便是天才如爱因斯坦，在他的科学生涯中，也有过认为宇宙是静止的失误，但在天文观测的证据面前他勇敢地承认了自己的失误。马可尼发明了无线电可用于远距通信，但当时的科学家根据电磁波按直线传播的道理，否定了他的跨洋通信的试验，因当时并不知道地球上空有电离层存在，而它会反射电磁波使环球无线电通信成为可能。使用高能加速器研究“基本”粒子时，一些重要的发现都不是理论预期的结果，只是这样才提供了改进理论的线索。

理论创新的周期可以很短，突出的例子是爱因斯坦在1905年一年中就发表了四篇重要的在不同方面的原始性创新的论文，但一个创新的实验装置则需要较长的周期。前述的空间望远镜和高能加速器等大科学实验装置从提出方案到建造成功、投入使用常以10年为期，当然这是个极端的例子。但两者周期长短不同，则是一般如此的。因此，在科技评审、成果评价中，两者的分别对待是需要认真考虑的。对科技创新项目的正确评估是推动科技进步的一个重要环节，它应该是既有正面的肯定，也要有反面的否定，而最后是要从发展的角度认识创新项目的价值。

说到这里，我想强调科技创新与仪器创新的关系，理论的创新需要有新的实验的验证，而新的实验则要求有新的实验仪器与设备。早期德国物理学家G. C. 李西滕伯格曾说过，为了发现新事物，必须首先做出新事物。这话充分说明了仪器设备对创新的重要性。宇宙学研究的新发现离不开性能更好的光学或射电望远镜，高能物理学的新发现需要能量更高或流强更大的高能加速器。上文中谈到的一些电磁辐射源，如同步辐射装置、自由电子激光等，也都属于仪器设备，但同时也是科技创新的重要方面。

显而易见，科技创新是在很大程度上依赖于仪器与方法的创新的。

具体实现实验上的创新，要包括诸多细节的创新。细节看来不太重要，但它常常决定了实验的成败。西方有一句话：魔鬼存在于细节之中。实验学家的功力在于抓住主要矛盾、制订实验方案与技术路线之后，要能解决具体实践中暴露的细节问题。细节问题可能是由于设计、加工、调整的不当，也可能昭示新现象的存在。微波背景辐射是宇宙大爆炸理论的支柱之一，而这却是由于研究射电望远镜噪声时发现的。

3. 交叉学科是创新的沃土，技术积累是创新的基础

一个学科的发展依赖于相关学科的渗透和广泛基础的支持。厚积薄发，叶茂枝荣，此之谓也。在现实生活中，我们在科技大厦中往往注意梁、柱而忽略椽、瓦的作用。实际上它们都是必不可少的。

我们可以举出很多例子说明一个新科技的诞生，常常依赖于已有科研成果的存在。激光的实现是与爱因斯坦提出的量子跃迁理论、F. 布洛赫和 E. M. 铂赛尔在核磁共振研究中实现的粒子数反转、为了改善雷达性能而导致的脉塞的出现，以及微波波谱学的建立等有关的。自由电子激光的出现是与自由电子受激辐射原理、莫茨发明的扭摆磁铁、加速器技术的改进和激光技术的发展有关的。对当代生活有十分重要影响的全球定位系统（GPS）原是由天文学定时系统发展起来的。

应该指出的是一种学科在促进另一学科发展的同时，反过来又会促进它本身的发展，也就是相互作用的存在。自由电子激光的研制过程，发明了使用激光照射位于加速器谐振腔内的阴极来产生高质量光电子束的技术，名为光阴极微波枪，它能产生既强且短、性能又好的电子束流。这个装置实际上是使用固定波长的激光来产生波长可调的激光。这些激光技术的新应用提出了新的技术要求，也就促进了激光本身的进一步发展。

将一个人的注意力囿于一个狭窄的科技专业，见木而不见林，是很难做出重要的发明的。原因就是那个专业领域可能已是发展得相当成熟了，而与它交叉的边缘领域才是滋长新思想、新观念、新方法、新发现的沃土。一个领域的创新与相邻领域的发展有着千丝万缕的联系。可以说，近代重大的科技进步都是多种交叉学科相互作用的结果。

致力创新，应该首先在一个领域深入到精通的程度，然后就应逐渐以此为基础，把注意力适当地放到边缘领域，去开拓创新的空间。

技术积累是实现创新的一个重要条件。一星一点地进行多方面的积累和储备，是重大科技创新和强大的综合国力的必要的基础。技术积累，并不都有轰动效应，我们应该鼓励那种默默无闻、刻苦耕耘的精神，因为这是我们科技创新的重要依托。

4. 对未知的强烈兴趣，对工作的奋力拼搏，是取得创新成果的重要条件

在一个科技领域做出重大的创新，不但需要雄厚的基础知识，超常的个人智慧，更脱离不了艰苦的努力。大发明家爱迪生对他自己发明创新的体会是99%的汗水和1%的灵感。可见个人的锲而不舍、奋力拼搏的精神是成功的必然的要求。浅尝辄止的工作态度，一蹴而就的思想方法，都是对创新十分不利的，可以说是创新的大敌。

自由电子激光发明人麦迪博士多年来从没有在周末休息过，在一个斯坦福与贝克莱两大学的足球大赛时，斯坦福校园内照例是万人空巷去看比赛，基本上陷于停顿状态，但笔者却发现他仍在实验室里工作。自由电子激光另一个先驱开拓者 G. R. 尼尔教授告诉笔者，在调试他的自由电子激光装置时，他曾三个昼夜没有离开控制台。在美国的实验室里，科学家加班是没有加班费的。那么是什么力量推动这些科学家废寝忘食地工作呢？当然，实验上取得创新的成果可以发表论文获得学术界的承认是一个动机，但更为主要的推动力是他们对工作有强烈的好奇与兴趣。躁动的功利主义是与踏实的追求真理的科学精神不相容的。

5. 由精而博、手脑并用和善于合作是创新实验工作者的努力方向

精与博是我国从古以来有关治学方法的讨论的热点。从上面一些创新的历程可见，创新首先要在一个精深的专业知识的基础上，利用相邻学科的成果，推陈出新，创造出崭新的科技领域。由精而博，可说是应当推荐的科技创新的治学方法。

20世纪初的实验工作者都是自己制作仪器设备的，后来由于科技进步，社会发展，高度分工，许多仪器设备都成为工业产品，把实验工作者解放了出来。但是这只限于标准的仪器设备，真正创造性的科学实验所需要的仪器设备则仍是需要实验者自己去研制的。因此实验工作者需要有动手的能力。

在所有科技创新活动中，从一开始就按一个聪明人的头脑中形成的思路长驱直入获得成功的例子是很少的，而更多的是首先有一个在原理上占得住的设想，动手去实现时，还会遇到许多意想不到的问题，然后根据实践中发现的问题来修正路线和方案，经过反复修正，最后创造出崭新的事物。换句话说，创新大多是一个的逐步逼近正确认识的过程。美国斯坦福大学的布洛赫教授（1952 年诺贝尔奖获得者）在上课时常说，“物理学家靠近似生活”，我想就是此意。因此，特别是在实验领域的创新，要自己能够动手，才能掌握第一手的情况，知道关键问题的症结所在，而可作适当的调整，最后达到预期的目标。正如驾驶汽车，方向盘是要永远按路面情况而作调整的。如果自己不懂动手，则犹如一人观看路面情况，转告掌握方向盘的人来调整方向，这样是很难高效地前进的。在此科技高度专业化的今天，当然不能期望一个人掌握各项有关的技术，但正如一个好的指战员最好是行伍出身一样，因为他能对战争实际有更多的切身体会，能将多种情况联系起来的思维使他能更好地指挥战斗。就创造性的思维而言，直觉和灵感都是重要的，它们是在科技工作者有意识的理性知识和感性经验的基础，再加以潜意识的联系，才可以达到豁然贯通、瞬间顿悟的境界。

诚然，重大科技创新主要是具有特定条件的个人在适当的客观环境下的产物，但群体的分工合作、相互配合也是十分重要的。处在当前知识爆炸的时代，个人的才智、精力，终究是有限的，在国家目标的召唤下，在经济发展的要求下，集中一批有专门技能的科技工作者，为一个共同的目标努力，集思广益，发扬团队精神，就能更有效地进行创新的活动，大大加快创新的进程。以一种微波管——速调管的发明为例，它就是在美国斯坦福大学工作的善于创新思考的 R. 瓦里安，在他的善于动手的兄弟S. 瓦里安和被人誉为微波之父的 W. W. 汉森教授的密切配合下出现的。这个微波管在雷达系统和飞机盲目降落系统中起了关键的作用，为第二次世界大战中战胜纳粹德国建立了重要的功勋。

6. 产生科技创新需要投入与支持

巧妇难为无米之炊，任何实验上的创新都需要有先进的、必要的仪器设备。科研经费的分配、管理、检查、评价都是推动创新的关键环节。对大科学而言，这种财力投入不能看成是一次性的，运行费用和改进费用是必不可少的。科技进步，一日千里，只有不断地改进提高，才能保持设备的生命力。可以说，大科学装置的建成之日，就是改进提高开始之时，这个特性是我们在方案立项时必须予以考虑的。

政府对科技的投入与支持，当然期望取得创新的成果。但我们也要知道，由于认识的局限和技术的困难，期望也有偶然不能实现的情况，所以应该允许失败，这个风险也正是创新，有别于亦步亦趋、跟踪别人，所需要付出的代价。

尽管仪器设备是实验创新所必不可少的，但有了先进的仪器设备，并不等于就有了创新。某些先进的仪器设备可以引进和采购，但创新却要依靠自己的水平和努力。我们要学会善于利用、改造已有的实验条件来进行创新的探索。上文中提到的发明扭摆磁体的莫茨，他的第一个扭摆磁铁是利用第二次世界大战中剩余物资中一些磁控管的永久磁铁制成的；发明核磁共振的布洛赫使用的磁铁是由伯克莱大学废置物品中借来的。W. 伯德曾指出做一个实验来检验创新的思想，最好先利用实验室中废置的器材制造出原型进行试验，取得初步结果后，再重新设计必要的仪器来获取精确的数据（大意）。时间过了几十年，实验研究的手段发生了极大的变化，计算机数字模拟这个重要的手段已发展为与理论、实验鼎足而三。但发挥主观能动性，利用已有条件，争取时间先做出原理性的证明，然后由粗而精制造或购置专门设备，这个精神对创新活动还是正确的。自由电子激光发展之初，世界各国的许多实验室都使用已有加速器加以改造，开展研究，而后才建造性能更为合适的专用加速器，就是一个很好的例子。

为了有效地推动科技创新，我们要避免研究项目的低水平的重复，这是显而易见的事，但同时应该鼓励为了达到同一目标而采用不同技术路线的方案之间的竞争，科技创新是在不同工作原理、不同技术路线的激烈竞争中得到发展的。竞争是前进的压力，也是自然择优的过程。哪个路线是正确的只有经过竞争的实践考验才能判定。举例来说：在受控聚变反应研究中使用的毫米波大功率辐射源，就有自由电子脉塞（波长较长的自由电子激光）和回旋管的竞争；在高能加速器中使用的大功率电磁辐射源，存在微波管与固体组件的竞争。又如在发展超大规模集成电路，线宽是一个关键的限制因子，为了达到缩小线宽的目的，有多种用于光刻的光源在竞争，如同步辐射 X 射线、深紫外光源、电子束光刻、离子束光刻等。科技领域之间的竞争促使研究工作者精益求精，不断改进提高，以避免在竞争中遭到淘汰的命运，因此，科技领域的竞争是促进发展的积极因素。

科学技术讲发明、发现，文学艺术讲推陈出新，其共同的特点就是创新。纵观人类文明发展的历史，可以说都是创新推动的结果。为篇幅所限，这里我主要想强调科技领域的创新。

科技创新可以是辉煌轰动，也可以是默默无闻，其影响和作用有大有小，但共同的特点不是模仿，而有新意。许多小的创新为大的创新奠定了基础。没有现代文明和科技进步的历史，没有大大小小创新的成果，现代伟大的创新是不可能出现的。梁启超曾说过："任龙腾虎跃以度此百年兮，其成就能有几许？虽有少许兮，不敢自轻，不有少许兮，多许奚自生？"他的话可为小的创新作用不可忽略的注脚。

对有创新能力的人才是有一定素质要求的，如理想、兴趣、勤奋、坚韧、资质，等等。理想与兴趣的重要性在于它构成创新的主要动力。实现理想、满足兴趣，则学习、工作，都将成为快乐的享受，变成主动的追求。人的兴趣是需要时间的考验与发现的。世界著名画家果干，原是一个银行家，但在四十几岁时突然对绘画感到不可遏制的兴趣，开始学画，终成世界的名家。勤奋、坚韧是完成任何艰巨工作的必要条件。学习前人的知识与经验，是创新的必要的前提。经过勤奋学习的积累，坚忍不拔的努力，最后才会达到豁然顿悟，产生创新的灵感。杜甫说过，"读书破万卷，下笔如有神"，很好地说明了这个问题。资质有如机遇，是可遇而不可求的，但是资质高、记忆力强比起理想、兴趣、勤奋、坚韧只是成功的有利条件，而不是决定的因素。一个考试成绩好的学生不一定可以成为创新的人才。资质稍差如果付出更多的努力，经历更大的困难，最后还是可以有所创新的。人一能之，我十能之，人大创新，我小创新，如是而已。总之，创新绝不是少数资质高者的专利。

最后需要提出，科技领域的创新离不开实践的考验。再聪明的人提出的再好的设想，实施起来，也很少是长驱直入，一蹴而就，而是需要经过实践的检验、修改与补充。譬如大家熟知的首先测出电子电荷的美国物理学家密立根教授的实验，就是用了约 10 年的时间来改进、提高才获得可靠的结果的。因此动手实践能力的培养又成为科技创新成功的重要环节了。现代的计算机的发展在很大的程度上简化了实验的工作量，但它是绝对不能代替实验的。

掌握知识，发展科技，并不是毫无条件，举手可得的。它需要资金的投入，体制的适应，人才的培育，时间的积累等。在我国目前，这些条件也都基本上得到了满足。诚然，在大科学基础研究领域，前沿课题研究工作的开展，常需数目庞大的投入。如：建造能量超过目前能区的高能对撞机，就可以研究层次更小的物质结构；建造改进的赫伯太空望远镜，就可以更细致研究宇宙边缘的状况。但在一般小科学领域，重要的发现并不是与投入直接挂钩的。远的不说，即如现今生物领域最重要的DNA的发现者之一沃森，据说他的发现只用了几千美元的费用。在技术领域，这方面的例子就更多了。在时间上，新中国成立已半世纪有余，培养了大批的高学历的人才。而且，特别要指明的，就是政府大力推动科技的发展，尊重知识，尊重人才，已经郁成风气，可以说在世界上少有其匹。结果形成了青年人投身科研，理工的人数急剧增加的趋势，因此，可以指望，我国在不久的将来，必将发展为科技强国。

那么，在科技创新上，我们是不是也有特殊的问题有待解决呢？我认为在教育体制上的“应试教育”的桎梏，造成了很大的危害，而它更为基本的根源是我国几千年来封建思想的“学而优则仕”，“劳心者役人，劳力者役于人”的影响，形成应试有余而动手解决实际问题的能力欠缺，对待学习的态度是重理论而轻实验，考试时重笔试而轻口试等一系列的现象。这些不利的因素影响了科技学生的成长，尤其是实验人才的成长。我们要努力摆脱我国封建思想的残余。青年要看清历史发展的潮流，把眼光放远，准备自己来担负科技兴国的历史重任。

在人生的征程中，应该有雄心壮志，当今的改革大潮更激励有志青年建大功、立大业。所以，我希望你们都能攀登高峰，做栋梁之才，为国家的建设，人民的幸福，做出重大的不平凡的贡献。但是，我认为更重要的是，一个青年也要能够耐得住“平凡”，能够在自己“平凡”的工作岗位上，安心敬业，勤奋努力，做好本职的工作，以便积累足够的经验与学识，奠定能承担大任的基础。只要你有足够的投入，坚忍不拔，锲而不舍，总会成为社会发展需要的人才，在事业上取得重大的成绩的。反之，假若一个人对眼前手头的工作敷衍了事，不肯钻研，不求完美，只想着个人成名成家，对事业、社会、人类漠不关心，其个人愿望也必然是以失败告终的。所以，不论在什么工作岗位，把“平凡”的工作做好，取得“不平凡”的成绩，这是成功的起步。在军事领域，先做好士兵然后才能当好将军；在科研领域，要先当好助手，才能最后成长为科学家。功到自然成，走出大学到一个单位，就应从最“平凡”的工作干起，不要眼高手低，幻想一蹴而就地成为大家名流。

人才成长首先离不开学校和社会的教育。在学校方面，目前存在不少问题，如：教授忙于搞挣外快的项目，使用学生做廉价的劳动力；学生忙于“生产”论文，粗制滥造，假冒伪劣；学校忙于“升级”扩招，盖大楼，饰门面；甚至被誉为国家设立的科学技术方面的最高学术称号的院士，竟也有个别人做了与其光荣称号大相径庭的事情。真是五花八门，各显其能，难以尽述。尽管为数不多，但一个腐败堕落的学术界现实，与我们对青年成长、推动我国科技发展的殷切期望，形成了鲜明的反差，如不大力纠正，则对社会风气，民族精神，以至学术发展，必将构成极大的危害。这些问题的形成，我很同意苏坦坡先生指出的几个原因，即政府好近功，国人官瘾重，体制积弊多和社会缺宽容（见《科学时报》，2004 年 4 月 16 日，《原创缺失的深层原因》）。我们应该对症下药，谋求彻底的解决。

谈到青年的培养，不免想到老师与学生的关系。我国从来尊崇老师的作用。唐人韩愈在《师说》一文中“传道、受业、解惑”的说法，已是把那时老师的作用说得很为明白了。现在时代变了，我想补充一点，就是学生与老师的互动影响，即所谓“教学相长”。学生从老师“学”习，老师也同时从“教”中吸收营养。据说物理学大师费米在与他的研究生讨论问题时，常要学生把最新的有关文献讲给他听。诺贝尔奖获得者李政道教授曾告诉我，他每周都要用几小时与他的老师费米讨论。但是，我也听到国内发生的一位名教授的故事。他曾召集学校的研究生开会，会毕他说我的研究生留下，其他人可以走了，但他发现走的人很少，屋里仍然坐满了学生，他问为何你们不走？这些人回答说：我们都是你的研究生。有名的学者，兼职三四，出国频繁，加以身居高位，会议连绵，但仍在名义上带研究生，实则委托他的学生，甚至学生的学生来带。这样下去，学生又怎能从这位名教授学到什么呢？我建议：应该限制一位学者能带研究生的数目。没有工夫与学生讨论问题，指导论文，就不要勉为其难，徒有其名吧！

当然，一个科研工作者的成长，并不完全在于是否有幸遇到明师的指引和教导，在实验领域，我觉得他所在的实验室的风气、条件和一齐工作的各有特长的同事们的影响也是很为重要的。这是无形的，日积月累的，潜移默化的。我们若能统计历史上实验学者的成功的事例，相信我们会发现环境影响的明确作用。

在科技学生的培养上，我们还应该注意到，一个崭新的科技领域的出现有时并不是研究工作者追求的本意。美国贝尔实验室发明晶体管的研究小组，原来是研究固体的电子传导的；MASER 和 LASER 的发明是起源于汤斯对微波振荡器的研究的；治疗癌症的一个重要手段“放疗”，原来是由研究基本粒子的加速器发展出来的。这些都说明在培养学生时，我们要考虑到“不期而遇”，因而在学识的培养上，既要“深”，也要适当地“博”。

从大学到留学，我都是学习物理的，但一生所作所为又大都是技术性很强的工作，参与过几件规模较大的大科学工程。同时，我早年是经常自己动手的，相信“说”与“做”的统一。在这个背景下，可能使我的认识有经验主义的倾向，不过如果我的手脑兼用的经验，能对从事综合性强的实验工作者有点参考价值，我也就会感到十分的满足了。

众所周知，社会需要的是德才兼备的人才，而又以德为主。要做一个正直、正派的人，一个人没有成为伟大的人物是可以原谅的，因为它需要特殊的能力与机遇，但若没当好一块“平凡”的砖瓦却是不可原谅的，因为作为一个有道德的、勤奋敬业的优秀公民是谁都应该而且可以做到的。

在学校读书求知，如入宝山，俯仰即得。但人的精力有限，终究要集中于某些方面。我是搞科学技术的，对科技自然有些偏爱，也深知科技对一个现代化强国的重要性，故此殷切地希望有更多的青年献身于此。要知道，在漫长的求知、致用的科研道路上，进入大学只是万里长征第一步，即便有了博士学位，也只是科研事业的开端。因为，一个人占有的知识终究是有限的，更重要的是掌握学习方法，这才是拥有了活水的源头，它会使你终生受用，取之不尽，用之不竭。

谈了这么许多，希望你们不会认为都是空洞的教条，心生厌烦。我还要再说几句总结的话，人才，人才，贵在德才兼备，其中又以德为最重要。要立志做一个正直的人，一个正派的人，一个有良好素质的人，然后才是在科技领域做出伟大的贡献，推动我国社会的发展。这样，自己才会幸福，别人才会因你的存在而幸福，社会才会因你的知识而更美好。

三、自主创新，路在何方?
——兼谈高档次科技人员的培养

原载《科技导报》2006年24卷《卷首寄语》。

“自主创新”几字，常见报端。最近又是全国科学技术大会的主题，把自主创新，作为建设创新型国家的关键。这说明它受到领导重视的程度。重视是解决问题的前提之一，是十分可喜的现象。下面只就原创性的科技领域“自主创新”的有关问题。略抒己见。

“推陈出新”，可见要创新首先要悉旧，因此，不接触现实已有的科技前沿，冥思苦想而脱离了自然的基本规律，是难以达到创新目的的。但是，自缚于现实已有知识的范畴，不敢越雷池一步，也就故步自封，难脱窠臼。因此，科技创新的空间是既不拘泥于已有，也不可想入非非。

很明显，在我国科技发展的现阶段，领导、群众都普遍有了追求自主创新的一致要求，也有了经济、工业、人力资源的基本条件，那么，为什么我们的科学技术水平却仍未能进入国际的前列呢? 这是值得深思的问题。

首先，为了实现我国科技水平的提高，人才是根本性的环节。除了自学成才之外，一些高学位获得者，譬如博士生是推进科技自主创新的主力。当然我们也要注意到在治学的道路上，博士学位也只是万里长征的第一步，成为一个比较成熟的科技工作者，在获得较高的学位以后，还需要长时期的经验积累和不断的学识攀登。

其次，在大学或研究所培养理应具有独创研究能力的高学位学生时，最先遇到的一个问题就是“保证质量，宁缺毋滥”呢? 还是“追求数量，多多益善”呢? 我曾在1985年参加国务院学位委员会学科评议组的工作，深感领导对学位质量问题的重视。因为谁都知道学位头衔泛滥的后果是十分严重的。这里就不详述了。国际上有不少严格把关的例子。例如：美国圣地亚哥州立大学（San Diago State University）有百年以上的历史，现在约有

4万名学生，但是它却没有授予博士学位的资格。过去我在美国奥里根大学（University of Oregon）物理系教书时，班上有一名非常优秀的研究生，已在权威的物理学杂志上发表过两篇论文，但系里仍然迟迟不授予他博士学位，我很为他不平，询问系主任这是为什么，他说理由是：一个大学对学位的授予倘若把关不严，会被美国大学联合会重新讨论该大学授予博士学位的资格的。这说明他们为了维持学位水平所做的举措。

我国目前正处于建设创新型国家之际，科技创新是一个重要的方面，而高水平的科技人员的培养，又是关键的问题。为了保证研究生的质量，设立对各大学博士生水平的审核机构也许是必要的。据说已经设有评估单位，但不知实效如何？我认为除了设立评估机构以外，要求博士生必须在国际著名专业杂志上发表论文的规定，仍不失为有效的提高我国博士学位国际水平的方法之一。此外，在已有授予高学位资格的大学中，应该逐步明确自己的学科“强项”，而有重点地不断发展。首先是要在国内领先，然后是在国际上。不能要求一个大学全面发展，哪个系、哪个专业都是最好的。我国研究型大学已有初步分工的趋势，正是“桃李无言，下自成蹊”的说明，但这个趋势显然需要继续强化。从学生角度看，因为他初入大学时对专业内容尚不十分了解，因此在入学后允许转系、转专业对培养高档次的人才，也是很有必要的。

在实验人才的培养上，设备条件既需要资金的投入，又需要专门的技术支持。目前没有条件的学校就常用理论分析和计算机模拟来作为博士论文的内容。这两者是现代理、工研究工作所不能缺少的，但它们却不是实验科学的主体。缺少实验的实际操作，培养出来的学生连仪器什么样子都可能不熟识，工作起来脱离实际是很自然的。我建议没有条件的大学就少要点学实验科学的学生，先把经费用在创建条件上，从长期的角度看可能会更有好处的。

高学位的学生不要求很多的数量，在诸多领域要形成“金字塔”的人才梯队，才能有效地发挥整体的作用。博士生有了基本训练，如再有多年的实践经验，应是“少而精”的高居塔顶的候选人。但如“供过于求”，“高学低就”，则对国家就是很大的损失与浪费了。我们知道，在国外常因待遇较高的位置有限，博士生寻职不易，有些学生就“攻硕”而不“攻博”了。

倡导创新，最最重要的是要提倡实事求是的精神，这样才能真正把我们的水平搞上去。目前我国在国际上科技创新的排名较低，在仪器设备的硬件上，陷入“引进、落后、再引进”的状态。这是十分危险的趋势，它堵塞了我们要走到前沿所必不可少的仪器设备“自主创新”的道路。事实上，中央领导早就提出我们应该：“一买、二用、三改、四创”，这是十分正确的，我们应该永远铭记，作为行动的指南。但时下“一买、二用”普遍实行，而“三改、四创”则较少见到。这是因为“买、用”方便易行，而“改、创”则需下苦功。但要知道，能够买到的仪器设备，已经是人家的成熟的科技商品了，而做“自主创新”所需的仪器设备，不是都能够买到的。专门挑选易走的道路，也就难成大器，难以有所创新了。

附录一　谢家麟生平活动年表

1920　生于哈尔滨

1931　湖北汉阳中学初中

1932　湖北襄阳中学

1934　京师私立汇文中学（现北京汇文中学）

1938　北平燕京大学物理系入学

1941　日本偷袭珍珠港，日军进占燕京大学，学生被迫离校

1942　乐山武汉大学借读，后返回在成都复校的燕京大学

1943　燕京大学毕业，到桂林中央无线电器材总厂研究室工作

1944　日军由湖南内侵，总厂内迁，与范绪籛结婚，到昆明分厂工作

1945　日本投降，转调重庆分厂工作，等待返回平津

1946　在天津中央无线电器材厂工作

1947　参加留学考试，在美国加州理工学院就读

1948　获硕士学位，转学斯坦福大学攻博

1951　获博士学位，回国中途在檀香山被阻，重返美国

1952　俄勒冈大学执教，后应斯坦福大学微波与高能物理实验室之聘，任研究助理

1953　秋天应芝加哥麦卡瑞斯医学中心之聘，任高能医用加速器研制负责人

1955　建成世界上第一台使用高能电子束治癌的加速器，并投入使用；再次启程回国，在中国科学院近代物理研究所任研究员

1956　加入“九三学社”

1964　建成我国第一台能向高能发展的 30MeV 电子直线加速器以及电子回旋加速器、中子管、大功率速调管等

1976　参与高能加速器建造的讨论、筹划等

1977　赴美国费米国家实验室讨论加速器设计方案

1978　任“八七工程”加速器总设计师

1979　参加中国高能物理代表团访问日本、美国、瑞士、德国等八大高能物理实验中心，参加在北京举行的中美高能物理联合委员会第一次会议

1980　参加在美国费米国家实验室举行的中美高能物理联合委员会第二次会议；参加

粒子加速器学会在上海召开的成立大会，被选为中国科学院学部委员（院士）；参与我国高能加速器的方案探讨

1981 与朱洪元赴美国，就中国高能物理调整方案与美国同行进行讨论；正负电子对撞机方案被潘诺夫斯基和李政道教授提出，在学部常委会、香山会议中汇报、讨论，获得批准，得到同意；参加在承德举行的中国高能物理学会成立大会，参加中国科学院数理学部召开的丰台会议，讨论预研问题

1982 参加在北京举行的中美高能物理联合委员会第三次会议，参加由21名科技人员组成的考察组到美国斯坦福直线加速器中心进行设计考察，改进初步设计

1983 参加在美国斯坦福大学举行的中美高能物理联合委员会第四次会议

1984 任高能所副所长、北京高能物理实验基地工程项目经理；参加对撞机非标设备定点制造会议、在西安召开的粒子加速器学会第一次会员代表大会；参加北京正负电子对撞机破土动工典礼；参加在京举行的中美高能物理联合委员会第五次会议；参加在西安举行的粒子加速器学会全国代表大会，被选为学会理事长

1985 参加高能物理学会在北戴河召开的第二届会员代表大会，中美高能物理联合委员会第六次会议在美国布鲁克海文国家实验室召开；当选高能物理学会副理事长

1986 北京正负电子对撞机主体设备开始安装调试；辞去工程项目经理职务；参加在京举行的中美高能物理联合委员会第七次会议

1987 参加在美国费米国家实验室举行的中美高能物理联合委员会第八次会议

1988 在高能所开展红外自由电子激光课题，任课题负责人，进行设计研究；参加在京举行的中美高能物理联合委员会第九次会议；参加粒子加速器学会在京召开的第三次会员代表大会

1989 作为北京正负电子对撞机主要研制人员，获国家科学技术进步奖特等奖；参加在美国斯坦福直线加速器中心举行的中美高能物理联合委员会第十次会议；参加美国布鲁克海文国家实验室加速器实验装置国际合作

1990 进行前馈控制的实验研究

1991 在韩国、日本访问讲学；自由电子激光技术攻关

1992 北京自由电子激光装置产生自发辐射

1993 北京自由电子激光装置产生受激辐射，举行鉴定会

1994 中国科学院授予北京自由电子激光装置科技进步奖特等奖

1995 北京自由电子激光装置获国家科学技术进步奖二等奖；获胡刚复实验物理奖；获何梁何利科技进步奖

1996 得到基金资助，开展新型加速器研究

1997 与杜祥琬在北京共同主持“自由电子激光国际会议”

2005 新型加速器建成出束

2012 获国家最高科学技术奖

附录二 谢家麟部分论著目录

（依发表时间排序）

Hsieh C L. 1955. 45 MeV medical linear electron acceleration. AIEE/EE，74：790

Hsieh C L，Uhlmann E M. 1956. Experimental evaluation of the physica；l characteristics of 45MeV medical linear electron accelerator. Radiology，67：263

Hsieh C L. 1956. The stray radiation levels of a 45MeV T W Linac Brit. J of Radiology，201

Hsieh C L. 1957. A new method of beam extraction for the electron cyclotron. Science Record，(1)：33

谢家麟．1957. 多次聚束的空间电荷波理论．物理学报，13：16

谢家麟．1962. 毫米波与亚毫米波．物理通报，(2)：49

谢家麟等．1963. 10 厘米波段三腔大功率速调管．第二届全国真空电子学年会会议录

谢家麟等．1965. 30MeV 电子直线加速器，高能物理参考资料，原子能研究所

谢家麟，汪伯嗣．1975. 复合作用注入系统跟踪研究．高能物理与核物理，642

谢家麟．1977. 谈谈高能加速器的总体布局．高能物理，(2)

谢家麟．1977. 高能加速器与现代科学技术．高能物理，(4)

周立农，谢家麟．1979. 一种双周期加速结构．高能物理与核物理，(3)：165

谢家麟．1979. 高能加速器设计思想漫谈（上）．高能物理，(1)：14

谢家麟．1979. 高能加速器设计思想漫谈（下）．高能物理，(2)：18

谢家麟．1982. 对撞机工作原理和北京正负电子对撞机．高能物理，(4)

谢家麟．1982. 北京正负电子对撞机初步设计提要（部分撰写及整体主编）．内部出版

谢家麟．1982. 我国三个大规模的加速器工程．纪念中国物理学会成立五十周年

Xie Jialin. 1983. BEPC project and its main technical features. The second China-Japan Joint Syposium on Accelerator for Nuclear Science and Their Application

Xie Jialin. 1983. The major accelerator projects in China. IEEE Tran. NS，Ns-30：1962

谢家麟．1983. 北京正负电子对撞机工程进展情况报告．中国科学院高能物理研究所

谢家麟．1984. 北京正负电子对撞机和一机两用情况．见：同步辐射光及其应用．中国

科学院数理学部等合编
谢家麟. 1984. 北京正负电子对撞机工程. 粒子加速器学会第三次学术年会论文集
Xie Jialin. 1985. On the choice of positron-producing energy in linac-injected e+- collider. IEEE Trans on Nuclear Science, 32: 3080
谢家麟. 1985. 正负电子对撞机平均亮度与正电子产生能量. 高能物理与核物理, (9): 577
Xie Jialin. 1985. Beijing electron positron collider (BEPC) project. BNL International Synchrotron Radiation Workshop
Xie Jialin. 1985. Development of linear accelerators in China. International Linac Conference
谢家麟. 1987. 国内外加速器发展概述. 物理, (16): 5
Xie Jialin, Zhuang JieJia, Wang You Zhi. 1988. The Beijing free electron project. Int J Electronics, 65: 565
谢家麟. 1988. 自由电子激光发展概况. 原子能科学技术, 22: 23
Xie Jialin, et al. 1988. The undulator for the Beijing free electron laser project. Nucl Instr and Meth, A 272: 40
Xie Jialin, et al. 1988. Design considerations of the Beijing free electron laser project, Nucl Instr and Meth, A 272: 40
Xie Jialin. 1989. Free electron laser research at the institute of high energy physics. International Conf. on Synchrotron Radiation, Hefei, China
谢家麟等. 1989. 北京自由电子激光装置的设计研究. 强激光与粒子束, (1): 289
Xie Jialin, Zhang Renshan. 1990. A scheme to compensate the transient beam loading in TW electron linacs. 1990 International Linear Accelerator Conference, 297
Xie Jialin, et al. 1990. Progress report on the Beijing FEL project. Nucl Instr and Meth, A 296: 244
Gao, Xie J L. 1991. RF gun development at IHEP for BFELP. Nucl Instr and Meth, A 304: 357
Xie Jialin, Zhang Renshan. 1991. An self-adaptive RF feed-forward control system for ATF, Center for Accelerator Physics. BNL CAP-ATF-Tech, (2)
Jialin Xie, et al. 1991. Development of thermionic cathode RF electron gun at IHEP Proc of Particle Accelerator Conf
Zhang Renshan, Ilan Benzvi, Xie Jialin. 1993. A self-adaptive feed forward R. F. control System for Linacs Nucl Instr and Meth, A 324: 421
Xie Jialin, et al. 1993. Status of Beijing FEL project. Nucl Instr And Meth, A 331: 204
Xie Jialin, et al. 1993. First lasing of the Beijing FEL. First Asian Symposium on Free

Electron Laser

黄永章，谢家麟 . 1993. 单晶 LaB6 阴极在微波枪中的应用 . 强激光与电子束，(5)

黄永章，滕克俭，谢家麟 . 1993. 用于微波电子枪注入器的阿尔法磁铁的设计和制造 . 高能物理与核物理，(17)：790

谢家麟 . 1993. 关于北京正负电子对撞机方案、设计、预制和建造的回忆片段 . 现代物理知识，(5)：28

Xie Jialin. 1994. Linacs for FEL in China. Proc of 1994 Intern Linac Conf：950

Xie Jialin，et al. 1994. First lasing of Beijing FEL，Nucl Instr and Meth，A 341：34

谢家麟等 . 1994. 北京自由电子激光最近进展——实现饱和振荡 . 高能物理与核物理，(18)：763

谢家麟等 . 1994. 北京自由电子激光装置的红外激光振荡实验 . 高能物理与核物理，(18)：572

Xie Jialin. 1995. Free electron laser research in China. Proc 1995 Intern Conf on High Energy Accelerator：162

Xie Jialin，et al. 1995. The saturation of the Beijing FEL Nucl Inst and Meth，A358：256

Xie Jialin. 1995. Free electron laser Research in China. CCAST Symposium/Workshop Proceedings，(12)：61

谢家麟 . 1996. 微团物理与技术及其应用 . 中国粒子加速器学会第六次学术报告会论文

Xie Jialin. 1996. Beam loading effect in BFEL. Asian Workshop on Application of Free Electron Laser to Save Nuclear Wast Disposal

谢家麟 . 1996. 自由电子辐射与北京自由电子激光 . 物理，(01)

Tang Chuangxiang，Xie Jialin. 1996. Beam loading effect of RF linac based FEL with thermionic cathode microwave gun injector. Nucl Inst and Meth，A：135

Xie Jialin. 1996. Progress of FEL in China. Sino-Japan Accelerator Conference，Chengdu，China

Xie Jialin. 1997. Progresses of FEL Research in China. Proceeding of AFEL

谢家麟 . 1997. 加速器非核应用与国民经济 . 见：共同走向科学——百名院士科技系列报告集 . 北京：新华出版社：103

Xie Jialin. 1997. Applications of self-adaptive feed-forward control in RF Linac. Nuclear Science and Technology，Harkov，Ukraine，64

Xie Jialin，et al. 1998. Upgrade of Beijing IR-FEL project. Nucl Instr and Meth，A 407

Li Fengtian，Xie Jialin. 1998. Practical realization of a self-adaptive feed-forward control system for RF gun beam-loading compensation. Nucl Inst and Meth，A 407：332

李逢天，谢家麟，王言山等 . 1998. 提高微波功率源性能的一种新型控制系统 . 高能物

理与核物理，(22)：932
李逢天，谢家麟．1998. 热阴极微波电子枪自适应前馈控制系统．强激光与粒子束，10：98
谢家麟等．1999. 改进电子直线加速器束流品质的新方法．核技术，22：193
Tang Ch，Lin Y，Xie J，et al. 1999. A multi-cell RF electron gun with thermionic cathode for the Beijing free electron laser. Nucl Instr and Meth，A 421：406
谢家麟．1997. 关于在我院开展以北京正负电子对撞机注入器的改进提高为基础的软 X 射线自由电子激光（BEPC-X-FEL）的建议．“十五”规划讨论会
谢家麟．1999. 北京自由电子激光装置．见：中国科学院重大科技成果选．北京：学苑出版社
朱俊彪，李永贵，谢家麟．2000. BFEL 装置短电子束团相干同步辐射产生理论计算与实验设计．高能物理与核物理，24
王言山，谢家麟等．2000. 北京自由电子激光光学谐振腔动态失谐研究．高能物理与核物理，24：681
Zhu Junbiao，Li Yonggui，Xie Jialin. 2000. Theoretical estimation and experimental design of high intensity far-infrared to mm wave coherent synchrotron radiation generated by short electron bunches at BFEL Nucl Instr and Meth，A 447：587
谢家麟．2000. 一种新型、简易、高效的电子直线加速器．粒子加速器学会成立 20 周年学术报告会论文集：215
Junbiao Zhu，Yonggui Li，Jialin Xie. 2001. Study on interference between FIR to mm - wave CSR from secutive electron bunches at BFEL Linac Nucl Instr and Meth，A 475：514
Zhao Qiang，Xie Jialin，et al. 2001. Optical transition radiation measurement of electron beam for Beijing free electron laser. Chin Phys lett，18 (4)：51
谢家麟．2001. 深紫外与 X 自由电子激光．CAAST Conference，Beijing
谢家麟．2002. 电子光子相互作用的应用与自由电子激光的发展．中国科学院研究生院学报，(19)：1
Xie Jialin，et al. 2003. A combined source of electron bunches and microwave power. Rev Sci Instrum.，74：5053
谢家麟等．2004. 一个新型电子直线加速器的预制研究．高能物理与核物理，(28)：105
谢家麟，赵永翔．1966. 速调管群聚理论．北京：科学出版社
谢家麟．1996. 北京正负电子对撞机和北京谱仪．杭州：浙江科学技术出版社
Xie J，Du X W. 1998. Free electron lasers 1997. North-Holland：Elsevier，Amsterdam
谢家麟．2000. 加速器——创造发明的故事．北京：清华大学出版社

Chen Jiaer, Xie Jialin, Du Xiangwan, Zhao Kui. 1998. Free electron lasers. Beijing Institute of Modern Physics Series

Chen Jia-er, Ren Hai-cang, Xie Jia-lin, Ming Han-ye. 1995. Development and applications of free electron lasers. CCAST Symposium/Workshop Proceedings

谢家麟. 2007. 没有终点的旅程. 北京：科学出版社